特別支援教育の ステップアップ 指導方法100

子供の自己理解・保護者の理解を促すためのアプローチ

三浦 光哉 編著

特別支援教育の達人になろう！

はじめに

　平成の時代が終わろうとしている2018（平成30）年12月に、ジアース教育新社より『特別支援学級担任のための学級経営Q＆A』を出版しました。この本には、特別支援学級だけでなく、通常の学級や特別支援学校でも活用できる学級経営の基本的事項について、264項目の質問と答えを記載しました。この本を出版して以降、読者の皆様方から指導方法についても書いてほしいとの要望が少なからずありました。

　そこで、一般的な指導方法はもとより、理論的でしかも教育現場で成功した指導方法、あるいは、おそらく実践したことがないような指導方法について、ベスト100として本書を出版するに至りました。私は、これまで小学校（通常の学級、特別支援学級）と、特別支援学校（校内の通級指導教室を含む）で教員を20年経験してきました。さらに、大学に赴任してからも18年にわたって研究室に通ってくる子供たちへの指導、年間8万～10万人に及ぶ子供たちの障害等のスクリーニングと担任教師への指導・支援、200人弱の不登校児への面談と家庭訪問を行ってきました。この中には、様々な障害のある子供や、いわゆるグレーゾーンの子供に対しての指導をしてきて、すぐに効果があらわれたり、なかなか効果がでなかったりした指導方法もありました。

　本書では、指導方法を"ステップ1""ステップ2""ステップ3"の3つレベルに分けました。"ステップ1"は、一般的でこれまで普通に行ってきた指導方法かもしれませんが、再度確認していただき、確実に取り組んでほしい内容です。"ステップ2"は、学校・学級または担任が挑戦してみればできるかもしれないような指導方法を載せました。"ステップ3"は、まさしくマニアックな指導方法で、なかなかできない指導方法かもしれませんが、果敢に挑戦してほしいものです。

　特に本書では、読者の皆様が具体的に理解していただけるように、手順や面談場面での会話を多く載せてあります。現場の先生方からは、子供の自己理解や保護者の理解を促す手法についてどのようにすればよいかを具体的に教えてほしいとの要望に応えた内容でもあります。実際にロールプレイなどして場面を想定していただければ幸いです。教育現場の先生方に本書を通読していただき、忌憚のないご意見をいただきたいと存じます。

　「令和」の新しい時代に入りました。特別支援教育も新たな指導方法をさらに開発していくことが求められていると思われます。

2019（令和元）年7月

編著者　三浦　光哉

目　次

はじめに

本書の活用の仕方 ……………………………………………………………9

学級経営

1. 学級全体がザワザワして騒がしく落ち着いて授業ができない ………10
2. 特定の子供に配慮すると別の子供が「ヒイキしている」と言う …………12
3. 問題行動の"ぶり返し"が起こり学級全体に影響している ……………13
4. 自分や友達の特性・気質などを自己理解・他者理解していない …………14
5. 学級の中で支援する子供が多く学習の定着が難しい ……………………16
6. 座席の配置が悪く子供同士が引き合っている ……………………………20
7. 次年度に向けた学級編成の仕方が分からない ……………………………22
8. WISC-Ⅳ等の検査結果からの適切な指導を必要としている ……………23
9. スクールカウンセラーの面談や指導を必要としている …………………26

学習支援

10. なかなか宿題をしてこない ……………………………………………28
11. 必要な持ち物を忘れてくる ……………………………………………29
12. 視覚認知が弱く板書の文字が見えにくい ……………………………30
13. 視覚認知が弱く運動・動作のイメージがつかめない ………………31
14. ランニングや持久走をやりたがらない ………………………………32
15. 学習にかなり遅れが目立ち追いつけない ……………………………33
16. 姿勢を長時間保つのが難しい …………………………………………34
17. やる気が乏しく持続力も低い …………………………………………36

不適応状況

18. お腹がすいてイライラしてしまう ……………………………………37
19. 「できない」「難しい」などネガティブな発言をする ………………38
20. 被害妄想があり自己肯定感が低い ……………………………………39
21. 課題を指示しても嫌がり逃げてしまう ………………………………40

22. 支援を受けることを嫌がって拒否する ……………………………41
23. 特定の教師の指示しか聞かない ……………………………………42
24. 自分の世界に入ってしまい話を聞いていない ……………………43
25. 切り替えができず固まって動けない ………………………………44
26. 多弁で常にしゃべっている …………………………………………45
27. 何でも自分が一番になりたがる ……………………………………46

不適切行動

28. 授業中に勝手に教室から出て行く …………………………………47
29. 授業中に何度も保健室に行く ………………………………………48
30. 教室以外での学習場所を拒否する …………………………………50
31. パニックになって更にエスカレートする …………………………51
32. 不適切なこだわり行動がある ………………………………………52
33. イライラすると暴れてしまう ………………………………………53
34. マスクを外してクシャミをしてしまう ……………………………54
35. 授業中に「あっ」「うん」等のチック症状が見られる …………55

コミュニケーション

36. 意味理解ができず場の雰囲気を読めない …………………………56
37. 場面緘黙があり学校で誰とも話さない ……………………………58
38. 構音障害があり学級の中で上手に話せない ………………………60
39. 吃音の子供に指名しても話さない …………………………………62

休憩時間

40. 友達とのケンカが絶えない …………………………………………63
41. トラブルの原因を友達のせいにする ………………………………64
42. 自分の非を認めて謝ることができない ……………………………65
43. 友達の行動を規制して崩れるとパニックを起こす ………………66
44. 嫌な体験を思い出してフラッシュバックを起こす ………………67
45. 休み時間にトイレに行きたがらない ………………………………68
46. プライドが高く自分の博識を主張してしまう ……………………69

自傷・他傷

47. リストカットして自身を傷つけてしまう ……………………………71
48. 自分の服や腕を噛んだり頭を叩いたりしてしまう ……………………72
49. すぐに手が出て暴力的な言葉を発してしまう ……………………73
50. 特定の教師や友達をつねってしまう ……………………………74
51. 友達を叩いたり殴ったりして行動の善悪が分からない ………………75

生徒指導

52. 盗み癖がなかなか直らない ……………………………………78
53. 距離感がつかめず異性に近寄ってしまう ………………………79
54. 特定の友達を追いかけてストーカー的な行為をしてしまう …………80
55. 見通しが持てず何度も同じ間違いをしてしまう ………………………81

感覚過敏

56. （視覚）光が眩しくて見えにくい ……………………………85
57. （聴覚）割り箸の音が嫌で割れない ……………………………86
58. （聴覚）音の過敏があり集団や集会に入れない …………………87
59. （味覚）偏食があり給食で食べられるものが少ない ………………88
60. （嗅覚）においが気になって立ち止まってしまう …………………89
61. （触覚）肌に触られることを嫌がる ……………………………90
62. （触覚）他人が使用している物に触れられない …………………92
63. （温度覚）気温に鈍感で衣服の調節ができない …………………93
64. （温度覚）暑がり寒がりで温度調節が難しい ……………………94
65. （温度覚）雨・雪や台風などの低気圧に弱い ……………………95

家庭環境

66. ゲームに熱中しすぎて遅刻したり授業中に寝ることがある …………96
67. きょうだいで親を独占したがる …………………………………97
68. 母子分離ができておらず母親と一緒に登校する …………………98
69. 虐待（ネグレクト）されている疑いがある ………………………99

身体・身辺

70. お漏らしが頻繁にある ……………………………………… 100
71. 清潔感がなく体のにおいがする ……………………………… 102
72. 男性器を人前で露出してしまう ……………………………… 105
73. 生理の手当てができない ……………………………………… 106
74. 容姿を気にして摂食障害になっている ……………………… 107
75. 性同一性障害ではないかと悩んでいる ……………………… 108

薬物治療

76. てんかん発作の予防ができず発作が起こった ……………… 110
77. 抗てんかん薬を飲んでいても発作が頻繁に起こる ………… 112
78. 抗ADHD薬を飲んでいても落ち着かない …………………… 114
79. 様々な薬を飲んでいる ………………………………………… 118

不登校

80. 不登校の予防対策が効果的になってない …………………… 120
81. 不登校（欠席30日以上）になるのを防ぎたい ……………… 122
82. 不登校（欠席30日以上）で長期欠席となっている ………… 123
83. 別室から学級復帰ができないでいる ………………………… 126
84. 別室の教育環境が教室と異なり戸惑っている ……………… 128
85. 双極性障害（躁うつ病）で入退院を繰り返している ……… 130
86. 不登校改善の面談に本人が出席しない ……………………… 132
87. 不登校改善のテクニックが効果的でない …………………… 134
88. いじめ被害が原因で不登校になっている …………………… 136
89. 体調不良による起立性調節障害で欠席が目立つ …………… 139

障害理解

90. 障害があることを理解したり受容したりしていない ……… 142
91. 個別検査（WISC-Ⅳ、KABC-Ⅱなど）の受検を拒否している ……… 146
92. 病院の受診を拒否している …………………………………… 150
93. 薬物治療を拒否している ……………………………………… 155

94. 検査や受診を拒否しているためトラブルや不適応状況が継続している …… 159

在籍変更
95. 通常の学級から特別支援学級への在籍変更を拒否している ……………165
96. 特別支援学級から通常の学級へ在籍変更したい ………………………172

進路・入試
97. 不登校の子供が高校の選択に悩んでいる ………………………………174
98. 自分の学力では入れそうにない高校を選択する ………………………176
99. 自分の特性（気質）に合わない高校を選択する ………………………178
100. 入試を控えているのに勉強をしない ……………………………………179

文　献

おわりに

編著者紹介／執筆者一覧

本書の活用の仕方

　本書には、特別支援教育に関連して教師が日頃より指導困難になっていることや悩みを抱えている100事例について載せています。そして、それぞれの悩みを解決する指導方法として、"ステップ1" "ステップ2" "ステップ3" の3つレベルに分けて書いています。

ステップ1
　多くの先生方がすでに指導されているものもあるかもしれませんが、再度、確認していただき、確実に取り組んでいただきたい内容です。

ステップ2
　先生方がこれまでに取り組んでいないような理論的な内容が含まれています。工夫次第で取り組みが可能な指導方法です。

ステップ3
　まさしくマニアックな指導方法で、教育現場ではなかなか指導できない内容かもしれませんが、果敢に挑戦してほしい内容です。

　また、教育現場でとても苦慮している「本人・保護者の障害等の理解」、「個別検査の受検と病院の受診」については、実際の面談を想定して書いています。これを参考にロールプレイをしてから活用してみてください。
　なお、事例によっては、ステップ1やステップ2を省略して、ステップ3のレベルから示している場合もあります。

> 1　学級経営

学級全体がザワザワして騒がしく落ち着いて授業ができない

授業中、教師が話をしているにもかかわらず、勝手にしゃべったり、友達同士で話したりして学級全体がザワザワしています。指示も通りません。その一方で、静かにジッと我慢をしている子供もいて、学級全体が二極化しています。

指導のポイント

- ☑ 子供が静かにならない限り教師はしゃべらない
- ☑ 授業中のルールを学級全体で確認・徹底
- ☑ 座席配置の工夫
- ☑ ルールを守る子供、内向的で話せない子供に配慮
- ☑ 特別支援教育体制の強化

指導方法

ステップ1　教師はしゃべらない

☞子供が話し続けている状況の中で教師も話し続けると、子供は「先生は話していても説明してくれる」「後で、話の内容を誰かに聞けばいいや」と思ってしまいます。また、ザワザワした中で話すと、指示が通りにくく学習にも集中できません。そこで、時間がかかっても子供が静かになるまで話さないようにします。教師が待って我慢するところです。

ステップ1　授業中のルールの徹底

☞学級全体で、授業中のルールを確認・徹底させます。小学校低学年の場合には、教師がネックホルダーに入れてあるルールの絵カードを子供に見せて、「指名されて発表する」「友達の話を静かに聞く」など、視覚的に分かるようにします。また、黒板に授業中のルールを貼っておき、それを全員で読み上げるのも効果的でしょう。次頁には、学級を静かにさせる方法を具体的に示します。

☞小学校高学年や中学校の場合には、「授業中の私語は厳禁です。誰かが私語をしている間は授業を止めます。私語をしている人は、他の人の学ぶ権利を奪っています。」と教師が説明し、皆に「学ぶ権利」があることを理解させます。重要なのは、それを子供に宣言し、実際に私語が収まらなければ授業を止めることを徹底することです。

ネックホルダー（ルールの絵カード）

【学級を静かにさせるための具体的な例】

＜朝の会、帰りの会＞
①黒板横に掲示している「学級のルール」を全員で読みます。
②目をつぶらせて落ち着かせます。（最初は10秒から実施し、3分間を目標にします。）
③「今月の歌」は気分を盛り上げてしまうので、当分の間、ハミングや口パクをします。

＜授業中＞
①授業開始時には、黙想を1分間実施してから始めます。
②音読（国語の本読み、算数の文章題読み等）は、黙読させます。黙読をしていない場合には、「人差し指」で文章をなぞらせ、読んでいるかを確認します。
③板書、テスト問題（漢字・計算プリント等）、作業などは、一定の時間、一言もしゃべらせないようにします。作業や活動の終了後に、話し合わせたり評価し合います。中学校では、テスト中や試験中にしゃべると「カンニング」になることを教えます。
④挙手をする際には、「ハイ」を禁止させ、黙って手を挙げさせます。「ハイ」と声に出して挙手した子供には指名をしないようにします。1回の授業で子供に指名するのは一人1回以内とし、全員に指名するという「公平性」「平等」を教えます。

ステップ2　座席配置の工夫

☞私語につながるような子供同士の座席は離します。私語の中心になりやすい子供は最前列の真ん中にし、周囲にはその子供とあまり仲が良くない子供、学力が比較的高く一目置かれている子供、おとなしく真面目な子供、本人と性別が異なる子供などを配置します。配置については、事例6（20頁）を参照してください。

☞座席の決定については、「全員の子供が、静かに集中して授業を受けられるようにする」ということが最大の目標であることを毅然と伝えましょう。私語の多い子供から、なぜ自分がこの座席なのかと聞かれたら、「あなたは授業中の私語が多いからです。」ときちんと理由を伝え、本人の自己理解につなげることが大切です。決して、ジャンケンやくじ引きで座席を決めることのないようにしましょう。

ステップ2　ルールを守っている子供、内向的で話せない子供への個別面談

☞学級が落ち着かなく騒がしい場合は、子供たちが二極化（騒ぐ⇔静か）します。ルールを守っている子供、内向的で話せない子供は、毎時間じっと静かに我慢をしています。悩みやストレスを抱えているかもしれません。そこで、個別面談を実施して悩み等を聞きましょう。高学年以降は、登校渋りに気をつけます。

ステップ2　不適応状況を生み出す要因を分析して対応

☞不適応の子供が多くなっている学級の場合、その中心となっている子供がいます。もし、発達障害等が疑われているのであれば、個別検査の受検や病院を受診するように勧めます。また、同僚からのアドバイスや専門家チームを要請して指導・助言を受ける、学習支援員を活用するなど、学校の特別支援教育体制を強化します。

2　学級経営

特定の子供に配慮すると別の子供が「ヒイキしている」と言う

担任は発達障害児に対して配慮することが求められます（合理的配慮）。しかし、その配慮が周りの子供たちには"ヒイキしている"と受け止められてしまいます。担任としては、周りの子供たちに発達障害があるから配慮しているということを公言することができません。

指導のポイント

- ☑ 発達障害児への配慮の内容が「合理的配慮」に当たるのかを個別の指導計画で確認
- ☑ 周りの子供たちに対して、人それぞれに何かしらの配慮が必要であることを理解させる
- ☑ 学級会や道徳の時間などを活用し、「一人一人の配慮する内容」を学級の全員で確認

指導方法

ステップ2　合理的配慮の確認

☞発達障害等のある子供に配慮することは重要ですが、やみくもに配慮してはいけません。その内容が「合理的配慮」に当たるのかを確認します。障害のある子供は、個別の指導計画の中に配慮事項などが記載されていますので、その内容に沿って行います。

ステップ2　学級全員に配慮が必要

☞子供たちには、誰もが不得意なことや苦手なことがあることを説明します。その上で、「ヒイキしている。」と文句を言う子供に対しては、それぞれの授業や活動の中で「○○の配慮」をしているということを理解させます。以下のように、一人一人の不得意なことや苦手なことは、学級会（ホームルーム）や道徳の時間を使って、学級全員で確認することがよいでしょう。

B君：「先生、A君は、いつもできなくとも怒られません。なぜですか？」
C君：「先生、A君だけ、ヒイキしているのではないですか？」
教師：「皆さん、人間は完璧な人はいません。誰にだって不得意なことや苦手なことがあります。A君は、○○が苦手なのです。だから、できるだけ配慮（手助け）してあげなければいけないのです。」
教師：「例えば、給食で嫌いな食べ物があるとか、体育の水泳でクロールができないとか、ありますよね。その時には、皆さんにも配慮（手助け）してあげます。」
教師：「B君もC君も不得意なことや苦手なことがありますよね。」
B君：「はい。」
C君：「はい。」
教師：「今度の学級会の時には、一人一人の苦手なことをみんなで話し合いましょう。」

3 学級経営

問題行動の"ぶり返し"が起こり学級全体に影響している

低学年の時に落ち着きがなく適切な対応ができなかった子供がいます。中学年でやや落ち着きを取り戻しましたが、小学校6年生から中学生になって、再度落ち着きがなくなりました。トラブルも頻繁です。

指導のポイント

☑ 本人・保護者に条件を付けて病院の受診を説得
☑ 環境調整、行動療法、薬物治療の実施

指導方法

ステップ1 "ぶり返し"の要因を探る

☞ 多動衝動タイプのADHDや外向性タイプのASDの子供は、小学校低学年までに、「障害の有無の見極め」「個別検査の受検や病院の受診」「本人・保護者の障害受容と理解」「学校学級の支援・指導体制」が早期に行われ、適切な対応がされると、その後、非常に安定した生活を送ります。一方、小学校低学年で対応できないと中学年でやや安定しますが、高学年や中学校になって再度不安定になります。これを"ぶり返し"（図参照）といいます。第二次性徴とともに気質（特性）が強くなったり、反抗期が重なり合って更に状況が悪化する可能性もあります。過去の対応を確認しましょう。

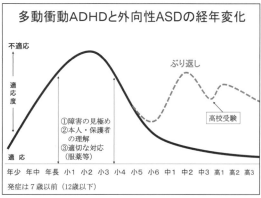

ステップ2 条件を付けて病院の受診等を説得

☞ 中学生ともなると、担任や特別支援教育コーディネーター等が本人・保護者に個別検査の受検や病院の受診を勧めても拒否する場合が少なくないため、「何らかのトラブル」「極端な学習成績の低下」「不登校傾向」など、本人・保護者が"納得"するような出来事がある場合に勧めるようにします。

☞ "ぶり返し"が見られたら、まず、本人・保護者と面談します。そして、事実確認をした上で、「友達にケガをさせる行為」「トラブル回数○回以上」「現在の学習成績の順位が○位以下に下がる、または○番下がる」「遅刻○回以上、早退○回以上、欠席○回以上」など、数値で分かるように説明します。これらの数値が悪くなれば、個別検査の受検、病院の受診、薬物療法の開始などを約束します。

ステップ3 環境調整、行動療法、薬物治療の三位一体

☞ "ぶり返し"への対応では、環境調整、行動療法、薬物治療の3つを実施します。環境調整は、座席の配置（引き合わせない）、個別指導（別室等）、感覚過敏への対応（エアコンで温度調整するなど）です。行動療法は、ルールの徹底と賞罰（褒める、ペナルティ）と社会的スキルの獲得（SST）です。SSTは、スクールカウンセラーを活用します。薬物療法は、病院の受診と服薬の継続・効果の実感です。

4　学級経営

自分や友達の特性・気質などを自己理解・他者理解していない

　学級の中には、自分や級友の短所や長所を自己理解したり他者理解できないために、自分勝手な行動をしたりトラブルになったりします。子供たちに、自分や級友の気質や性格などを理解してほしいのですが、なかなか名案が浮かびません。

指導のポイント

☑ 学級会や道徳の時間などを活用して、「長所と短所」を全員で発表
☑ 他者評価からみた自分の「長所と短所」を理解

指導方法

ステップ３　「長所と短所」は他者が判断

☞子供たちに「長所と短所」の発言を求めると、各々自分が思っている「長所と短所」を発表します。しかし、なかには全く異なることを発言する子供もいます。「長所と短所」は、周りの皆が認めてこそ、有効になります。以下に、その手順を説明します。

①学級の子供１人につき、学級の人数分の用紙（Ａ４判）を配付します（30人学級であれば、１人当たり30枚の用紙が必要）。その用紙に、自分と学級全員の「長所（得意なこと）」と「短所（苦手なこと）」を１つずつ書かせます。
※前もって用紙の中に、子供の名前と長所や短所の項目を書き込んでおくと書きやすくなります。（次頁を参照）
②書き終わったら、１人ずつ前に出てきて、自分の「長所（得意なこと）」と「短所（苦手なこと）」を発表します。
③発表が終わったら、その長所と短所の内容が「合っているか、違っているか」を学級の皆に挙手で確かめます。もし、本人の書いた長所や短所が「合っている」と思っている人数が学級の半数以上であれば、その長所や短所が認められたということになります。反対に、「違っている」と思っている人数が半数以上であれば、その長所や短所は否決され、本人だけの勝手な思いであるということになります。

> 中学生では、挙手をするのを嫌がる場合があります。その場合には、用紙に「○」「×」などを書かせて投票する、または教師が集計するなどします。

④自分の長所と短所について、みんなの考えとだいたい「合っている」または「違っている」ということを理解し、違っている場合には自己修正させます。
⑤上記のことを全員で発表します。自分だけでなく、学級の皆の「長所と短所」を理解することになります。
⑥「短所（苦手なこと）」を半数以上で認められた場合には、学級の中で「配慮」をしていく内容であることを全員で確認します。

【「長所（良いところ、得意なこと）」と「短所（悪いところ、苦手なこと）」を理解させる話し合いの例】

担任：今日の学級会では、皆さんに自分の「長所（良いところ、得意なこと）」と「短所（悪いところ、苦手なこと）」について発表してもらいます。後で、発表した「長所（良いところ、得意なこと）」と「短所（悪いところ、苦手なこと）」が当たっているかを学級の皆さんにも聞きます。

担任：それでは、ここに紙（Ａ４判）を用意してきたので、それぞれ、自分と学級全員の友達についてそれぞれの「長所（良いところ、得意なこと）」と「短所（悪いところ、苦手なこと）」を１つずつ書いてください。自分と全員の分を書くのですよ。

（用紙を配布して書かせる）

担任：書き終わりましたか？

担任：それでは、これから１人ずつ前に出てきて発表してもらいます。発表した「長所と短所」について、他のみなさんに聞きます。発表した人と同じ意見の場合には挙手をしてください。違っていると思う場合には、挙手をしないでください。

担任：それでは、Ａ君から始めましょう。Ａ君、前に出てきて、自分の「長所と短所」について、１つずつ発表してください。

Ａ君：僕の長所は、みんなに優しいところだと思います。

担任：皆さん、Ａ君は優しいことが長所だと言いましたが、当たっていると思う人は挙手をしてください。（数人が挙手をする）

担任：Ａ君、数人しか挙手しなかったので、一部の人だけが認めているということです。自分が思っていることと皆が思っていることが違っているのだと思います。手を挙げなかった人は、別のことを長所だと思っているようですね。後でみなさんから紙を回収してＡ君に渡しますので、それを見て参考にしてください。では、次に短所を発表してください。

Ａ君：僕の短所は、人の悪口を言うことです。

担任：皆さん、人の悪口を言うことが短所だと言いましたが、当たっていると思う人は挙手をしてください。（ほとんどが挙手をする）

担任：Ａ君、ほとんどの人が挙手をしました。皆さんも同じように思っているようですね。これからは、気を付けましょうね。

（全員が発表した後）

担任：今日は、自分の「長所と短所」について発表しましたが、自分の思っていることが、必ずしも学級の皆さんが同じように思っていないこともあったはずです。自分のことをしっかり理解していきましょう。また、今まで知らなかったり気づかなかったりした友達の「長所と短所」も知ることができましたね。友達の短所を理解することも大切です。これからは、相手の気持ちになって思いやりをもって接することができるといいですね。それでは、今日の授業を終わります。

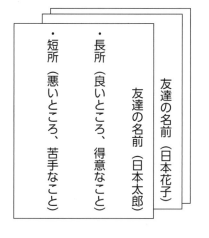

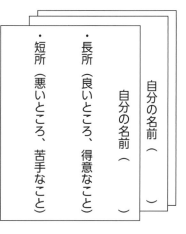

5　学級経営

学級の中で支援する子供が多く学習の定着が難しい

学級の中に低学力や学習障害を抱えている子供が複数います。学習内容を理解するのに時間がかかったり、何度教えてもなかなか学習が定着しなかったり、お手上げ状態となっています。

指導のポイント

- ☑ 特別支援教育コーディネーターと連携して早期支援
- ☑ 学校全体の支援体制の見直し
- ☑ 認知処理に合わせた指導
- ☑ 中学校では担任がフォローしてピンポイント指導

指導方法

ステップ1　抜本的な支援体制の見直し

☞個別指導が必要な子供が多い場合には、1人で抱え込まずチームで支援していくことが重要です。これまでの支援体制を見直すとともに、特別支援教育コーディネーターが中心となって関係機関と連携し、校内の特別支援教育体制を強化します。

①学習支援員の要請や管理職等の協力
・学習支援員を要請したり、管理職等の協力を得て、学級に入ってもらい、低学力の子供を中心に支援していきます。
②学習能力別の指導体制
・習熟度別または認知処理タイプ別に分かれて、子供の実態に合わせたきめ細やかな授業を行います。
③指導方法の見直し
・個別検査（WISC-Ⅳ、KABC-Ⅱ等）を実施している場合、その認知特性に合わせた指導をしていきます。
④通級指導教室や特別支援学級の検討
・学習障害や知的障害があることが明白な場合には、個別の指導体制を見直して、通級による指導や特別支援学級への転籍を検討します。

ステップ1　中学校では担任がフォロー

☞中学校では、教科ごとの学習指導のテンポが早く、「ゆっくり、じっくりタイプ」の子供は理解することがとても厳しくなります。そこで、学級担任が可能な範囲で学習フォローします。特に、つまずきやすい「国語」「数学」「英語」に限ってポイントを絞ってアドバイスします。

＜点数配分の多い作文を指導（国語）＞

☞各種テストにおける「作文」の点数配分は多いです。作文の指導では、「○○のことについて、私は〜だと思います。その理由は○つあります。1つ目は…」など、書き出しをパターン化させます。書き出しが書けると、比較的そのあとはスムーズに書くことができるようになります。各学期のはじめや終わり、各行事の後に書かせる作文指導で、「書き出しテクニック」を身に付けさせましょう。

＜つまずきが多い分数や正負の数の指導（数学）＞

☞つまずき"その1"は「分数」です。小学校で「分数」を習得していない生徒は、意外と多くいます。分数ができないと、単純な計算問題だけでなく、文章題で最終的な答えを導き出せなかったり、図形の問題で答えられなかったりします。分数の計算をマスターさせることが大切です。

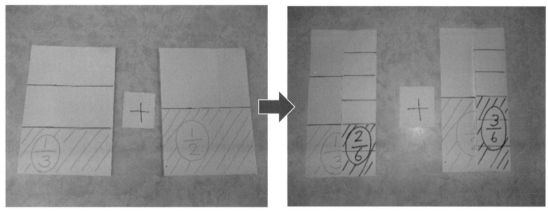

分数指導のツールの例

☞つまずき"その2"は、「マイナスの概念」です。実物で確認することができない「マイナス」の概念がなかなか捉えられない生徒は、その後の数学の学習は極めて困難になります。早いうちに、「マイナス」の感覚をつかませなければなりません。

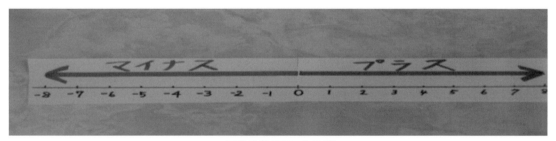

正負の数のツールの例

＜英文の読み指導＞

☞英語では、読める単語を増やします。単語の意味が分からないと、英文の意味は分かりません。そして、英文が読めないと、テストでは点数が取れません。リスニングや読解には、英単語が読める（発音できる）ことが必要です。また、発音できない単語（読めない単語）は、いくら練習しても定着しにくいものです。そこで、秘密兵器の登場です。「電子辞書」を活用しましょう。今どきの電子辞書は、英単語を入力すると発音もしてくれます。教室で使用させる際には、イヤホンを使わせれば大丈夫です。自分だけではできなくても、電子辞書があれば家庭学習もできるようになります。

ステップ２　担任と教科担任が連携して課題量を調整

☞ 課題の量を減らします。何も考えず答えを写すだけの作業では、意味がありません。思い切って課題の量を減らし、「ここが基本中の基本だから、これだけは絶対覚えようね。」と覚えなければならないことを厳選してあげましょう。自分の力で頑張ったことを褒めて頑張りを認めます。「できた」「分かった」という自信をつけることが大切です。課題の量の調整については、教科担任との共通理解が必要なので、担任としての正念場です。

ステップ３　認知特性（継次処理、同時処理）タイプを確認

☞ 低学力や学習障害を抱えている子供は、認知の偏りが大きく、そのことで学習や生活面で様々な支障をきたしている場合があります。特に、学校生活は継次処理的な手順で学ぶことが多くあるため、同時処理的な考えをする子供は学習内容が理解しにくく成績も伸びにくいです。そこで、２つの認知処理（継次処理、同時処理）タイプに合わせた授業を行うことで、子供が持っている能力を最大限活かすことができます。

☞ 小学校高学年や中学校の子供の場合には、指導する際に２つの認知処理（継次処理、同時処理）の学習を提示します。子供は、自分の認知処理（継次処理、同時処理）タイプを理解して、自分のやりやすい方法を選択します。しかし、選択できなかったり、よく分からない場合には、教師が活動の様子やノートの取り方を観察してそのタイプを教えてあげるようにします。２つの認知処理（継次処理、同時処理）タイプの見分け方は、以下を参考にしてください。

【認知処理（継次処理、同時処理）タイプの見分け方】

継次処理	・口頭でいろいろと指示されてもうまく理解できる。 ・九九を順番に覚えたり、マット運動の動きを自分で考えて動いたりすることができる。 ・説明書通りにおもちゃを組み立てたり、手順通り作業したりするのが得意である。 ・計算を順番通りにやったり、漢字の書き順をもとに覚えたりする。
同時処理	・地図を見たり、図形の問題を解いたりするのが得意である。 ・漢字や文章、図形などは形で似ているところ見つけて仲間分けするのが得意である。 ・漢字を覚える時には、書き順通りではないが、形を捉えたり部首ごとで覚えたりする。 ・お手本があると、それを見ながらやり方を考えて取り組むことができる。

ステップ３　認知特性（継次処理、同時処理）タイプでの指導方法

① 一人一人で学習を行う時には、プリントを２種類用意しておきます。
・２種類のプリントを自分で選択します。

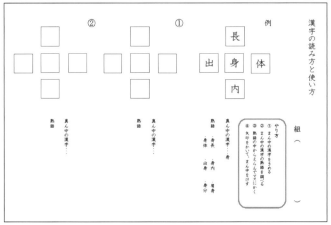

継次処理タイプ

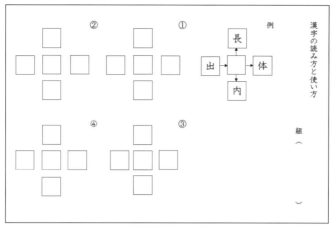

同時処理タイプ

②一斉の中で指示や提示する時には、２つの方法を用います。
　・教科書の挿絵や見本を提示することがありますが、その提示も２つのタイプ別に提示します。一斉授業のため、継次処理タイプへの提示を見せている時、同時処理タイプの子供も見ますが、子供は自分の理解しやすい方で内容を取り込むので影響はありません。
　・下の図は、「□に当てはまる熟語を考える」という国語の授業で、２つのタイプ別に提示したものです。

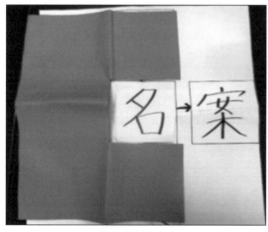

継次処理タイプ

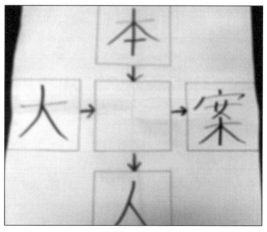

同時処理タイプ

③宿題は自分に合う認知スタイルで行います。
　・自学ノートを使っている場合には、自分に合う学習スタイルで勉強させます。そうすることで学習の定着も進み、子供は勉強が楽しくなります。
　・学習の仕方は、タイプ別に見本を見せることが大切です。

6　学級経営

座席の配置が悪く子供同士が引き合っている

　外向性気質（多弁、多動、衝動など）の子供が隣同士になると授業中に引き合ってしまい、更にエスカレートして多弁になったり、勝手な行動をしてトラブルに発展してしまいます。一方、内向性気質（内気、静か、緘黙傾向など）の子供もいます。このような子供をどう座席配置したらよいかが分かりません。

指導のポイント

☑ 外向性気質の子供同士は、横並びに飛び飛びに配置。その間には刺激をしない内向性気質の子供を配置

☑ 対話的なグループ学習の場合は、外向性気質の子供を分散させ、内向性の子供を同じグループに配置

☑ くじ引きやジャンケンではなく、担任が適切に配置（能力、特性、気質等）

指導方法

ステップ1　一人一人が離れた座席配置

☞ 低学年のクラスでは、2人ペアとなって机を合わせた座席配置にしていることがあります。組合せによっては、2人が引き合って気質等を高めてしまう場合があります。基本的には、一人一人を離した座席配置にすると気質等が分散されます。

ステップ1　"対話的なグループ学習"での座席配置

☞ "学びの学習"や"協同学習"と称して、常に子供同士が向き合ってグループ学習をしている学級があります。その状態を継続すると、ADHDや外向性ASDなどは多弁となり、気質等を更に高めてしまいます。そこで、「講義（正面を向く）」→「グループ（机を向かい合わせる）」→「講義（正面を向く）」と、必要に応じて学習形態を組み合わせることにより、気質等を分散させて安定した学習ができる体制を整えていきます。

ステップ2　外向性気質と内向性気質の座席配置

☞ 外向性気質の子供同士は、隣同士にしないで横並びに飛び飛びの配置をします。理由は、授業中にお互いの視線を合わせないようにするためです。そして、その間には刺激をしない内向性気質の子供を配置します。これにより、お互いの気質等を分散させます。

☞ 座席配置の際に、くじ引きやジャンケンで決める場合があります。この方法では、外向性気質の子供同士が隣り合わせになって引き合ってしまうことがありますので、担任が能力、特性、気質等を見極めて適切に配置するようにします。

ステップ2　グループ学習の座席配置

☞ 教室内におけるグループ学習、特別教室に出向いての理科、図画工作（美術）科、家庭科、音楽科の授業などのグループ学習での座席配置は、外向性気質の子供を各グループに分散させて気質等を高めないようにします。一方、内向性気質の子供は同じグループに複数人配置して、お互いに話ができるようにします。

☞ 特別教室での座席配置は、教室内の座席配置と必ずしも同様ではなく、その子供の教科別の能力（習熟度、技能等）や特性を考慮して適切に配置します。

外向性気質や内向性気質を配慮した座席配置

教　卓

	低学力傾向	弱視・難聴傾向	低学力傾向	
発達障害疑 （外向性）	刺激しない 内向性	発達障害疑 （外向性）	刺激しない 内向性	発達障害疑 （外向性）	刺激しない 内向性
発達障害疑 （外向性）	刺激しない 内向性	発達障害疑 （外向性）	刺激しない 内向性	発達障害疑 （外向性）	刺激しない 内向性

グループ学習での座席配置

教　卓

(外向性)		(外向性)		(外向性)	内向性
内向性	内向性				内向性

(外向性)		(外向性)		(外向性)	
		内向性			
内向性	内向性	内向性			

ステップ3　特定の子供の前に空席を作る

☞ 特定の子供が学級をかき乱している場合には、特定の子供の前や横に"空席（座席を入れる）"を作り、両サイドに内向性気質の子供を配置します。例えば、下図（左）において、「外向性①」の場合には、の子供の前に"空席"を作り、右横に内向性気質の子供を配置します。「外向性②」の場合には、子供の前に"空席"を作り、左右に内向性気質の子供を配置します。「外向性③」の場合には、子供の左横に"空席"を作り、後ろに内向性気質の子供を配置します。

☞ 具体的に実践したのが、右下の写真です。学級崩壊したため、13人の学級の中に、"空席"を13席追加して外向性気質の刺激を少なくしました。劇的に良くなりましたが、最終的には、"空席"をなくす状況に戻していかなければなりません。この場合では、1週間に1席をなくしていき、13週で全部の"空席"がなくなりました。

外向性気質の子供を高めない刺激しない座席配置

教　卓

空席 (机入れる)			空席 (机入れる)	外向性 ③
外向性 ①	内向性			内向性
			空席 (机入れる)	
		内向性	外向性 ②	内向性

子供数の倍の座席を配置（13人＋13空席）

7 学級経営

次年度に向けた学級編成の仕方が分からない

新年度になると、組替えをして学級編成をしなければなりません。クラスには、能力や特性、気質等が異なる子供が様々いるので、どのように学級編成をすればよいのか迷ってしまいます。仮に適切に学級編成したとしても、別の学校からの子供の組み合わせにより、不適応を起こす子供もいます。

指導のポイント

☑ 全員を「外向性気質」「内向性気質」「瞬間的外向性気質」「気質が目立たない」に等分

☑ 中学校1年生の編成では各小学校の担任と特別支援教育コーディネーターによる「学級編成会議」で決定

指導方法

ステップ2　4パターンの気質の子供を分散

☞最初に子供全員の中から、「外向性気質」「内向性気質」「瞬間的外向性気質(普段は内向性であるが何かをきっかけとして瞬間的に外向性に変わる)」の3パターンの気質がある子供を抽出します。次に、「外向性気質」と「瞬間的外向性気質」の子供を総計し、お互いに引き合わないように学級数等分します。さらに、「内向性気質」の子供は、仲の良い子供同士のペアを作り、一緒の学級に入れながら学級数等分します。最後に、「3つの気質以外(気質が目立たない)」の子供を適切に学級数等分します。

ステップ2　中学校1年生の学級編成

☞中学校1年生では、いくつかの小学校で前もってクラス編成したものをそれぞれに合体させることが多いようです。しかし、単純に合体させてはいけません。他の小学校の情報を踏まえながら、他の小学校の子供と引き合わないように、再度見直す必要があります。担任や特別支援教育コーディネーターが一堂に集まって「学級編成会議」を開催して決定することをお勧めします。

ステップ3　気質別の組替え

☞例えば、3学級ある学級編成の場合には、1組を「外向性気質と瞬間的外向性気質だけの子供」、2組を「内向性気質だけの子供」、3組を「それ以外の気質の目立たない子供」にしてみます。この場合、特に1組には、常にトラブルになることを予想して適切に指導(対処)できる担任を配置する必要があります。また、1組で教科指導を行う担当者も、十分に外向性の気質を熟知した上で学習指導する必要があります。2組は内向性の子供なので、対人関係づくりが苦手だったり、不登校になったりすることがあるため、子供の内面を素早く察知できる担任を配置します。勇気と情熱をもって学級編成してみましょう。

8 学級経営

WISC-Ⅳ等の検査結果からの適切な指導を必要としている

保護者から医療機関や教育相談センター等で受検してきた個別検査（WISC-ⅣやKABC-Ⅱ）の結果や判断書等を渡されました。しかし、WISC-ⅣやKABC-Ⅱの検査結果に基づいた指導となっていないため、課題が改善されません。

活用のポイント

- ☑ WISC-ⅣやKABC-Ⅱの知識の習得
- ☑ 判断書等の中にある指導方針（指導ポイント）を確認
- ☑ 指導方針（指導ポイント）の適用と評価

活用方法

ステップ1　個別検査実施の意味

☞ 現在、WISC-ⅣとKABC-Ⅱの個別検査は、我が国において標準的な検査となっています。この個別検査を実施することにより、児童生徒の現時点での知能水準や発達の程度が明確になるとともに、領域別・分野別の認知の偏り（得意・不得意）が分かり、指導の手掛かりが見えます。また、発達障害等の鑑別判断、教育支援（就学指導）の判断、障害者手帳や扶養手当などの取得など、様々に活用されています。

ステップ2　WISC-ⅣやKABC-Ⅱの知識

☞ WISC-ⅣやKABC-Ⅱについて全く分からない教師でも、簡単な知識は必要となるでしょう。どこをどのように見ればよいか、見方のコツを覚えるようにします。

☞ WISC-Ⅳは、適用年齢が5歳0か月～16歳11か月です。基本検査は10項目、補助検査は5項目あります。全検査（FSIQ）は、4つの指標（言語理解、知覚推理、ワーキングメモリー、処理速度）の合成得点で構成されています。特にWISC-Ⅳは、学習の遅れが見られず、ADHDやASD等の認知の偏りを把握したい場合、課題の処理時間やワーキングメモリーの獲得を把握したい場合に適します。検査時間は、1時間～2時間程度です。

☞ KABC-Ⅱは、適用年齢が2歳6か月～18歳11か月です。認知尺度検査11項目、習得尺度検査9項目があります。さらに、認知尺度は4尺度（継次、同時、計画、学習）、習得尺度は4尺度（語彙、読み、書き、算数）で構成されています。特にKABC-Ⅱは、国語や算数の教科学習レベルを把握することができ、特に学習障害や境界線の能力を把握したい場合に適しています。検査時間は、2時間～3時間かかります。

☞ WISC-ⅣとKABC-Ⅱの下位検査で測定できる主な能力については、次頁の表に示しました。

【WISC-Ⅳ】

指標	検査項目	主 な 能 力
理解	類似	言語推理、概念形成、語の発達、語の推理
	単語	一般的な知識、言語概念形成、語彙の知識
	理解	社会的ルールの理解、一般的な知識
	知識	一般的な知識
	語の推理	言語理解、言語的推理能力、言語抽象概念、語彙の知識
知覚推理	積木模様	視覚認知、視覚的体制化
	絵の概念	抽象的推理能力、帰納的推理力
	行列推理	視覚情報の処理能力、一般逐次的推理
	絵の完成	知覚的細部の認識、位置空間関係
ワーキングメモリー	数唱	聴覚的短期記憶、注意力、メモリースパン
	語音整列	順序づけ、集中力、注意力、聴覚的短期記憶
	算数	数的推理、計算力、算数能力
処理速度	符号	視覚的探求能力、事務的処理の速さ
	記号探し	視覚的短期記憶、知覚処理速度
	絵の抹消	選択的視覚的注意、知覚処理速度

【KABC-Ⅱ】

尺度	検査項目	主 な 能 力
継次	数唱	聴覚的短期記憶、注意力、記憶範囲
	語の配列	聴覚的・視覚的短期記憶、作動記憶、ワーキングメモリ
	手の動作	視覚的短期記憶、記憶能力
同時	顔さがし	視覚的短期記憶
	絵の統合	統合する力
	近道さがし	空間認知、空間走査
	模様の構成	空間の関係、視覚化
計画	物語の完成	帰納、一般的知識、一般系列推理、視覚化
	パターン推理	推理能力、帰納、視覚化
学習	語の学習	視覚的短期記憶、連合記憶
	語の学習遅延	視覚的長期記憶、連合記憶、学習能力
語彙	表現語彙	語彙の知識
	なぞなぞ	言語発達、言語推理、語の知識
	理解語彙	単語の理解、一般的知識、語彙の知識
読み	ことばの読み	読字、読み書き能力
	文の理解	長文読解力、動作化
書き	ことばの書き	読み書き能力
	文の構成	作文能力、読み書き、統語活用
算数	数的推論	問題解決能力、数学的知識、数学的学力
	計算	計算スキル、数学的知識

ステップ3　WISC-Ⅳの検査結果の見方と解釈

①知能指数（IQ）を見ます。WISC-Ⅳの場合には「全検査（FSIQ）の数値」です。例えば、ある子供が96ポイントであれば、IQ＝96となります。IQの平均は100ですから、この子供は、平均（同年齢）より"やや低い"能力となります。なお、IQ85は1学年程度の遅れ、IQ70は2学年程度の遅れとなります。詳しくは、事例83（126頁）を参照してください。

②全体の知能指数を構成している4つの指標（言語理解、ワーキングメモリー、知覚推理、処理速度）を見ます。これらも「合成得点の数値」を見ます。言語理解指標は、言語理解、知識、概念化の能力です。知覚推理指標は、視覚的な問題解決、情報処理能力です。ワーキングメモリー指標は、新たな情報を記憶、短期記憶に保持・処理する能力です。処理速度指標は、複数の情報を処理する能力です。それぞれの指標の数値により、同年齢の子供と比較して高いのか低いのかが分かります。また、4つの指標同士を比較して、どの指標が高いのか低いのかが分かります。

③4つの指標を構成している"下位検査項目"を見ます。WISC-Ⅳの下位検査項目は、全部で15あります。15検査項目の能力は、表に示していますので参考にしてください。しかし、実施するのは10検査項目です。その10検査項目の一つ一つの"評価点の数値"を見ます。評価点は、10ポイントが平均です。例えば、ある子供が9ポイントであれば、平均（同年齢）より"やや低い"となります。なお、7ポイントは1学年の遅れ、4ポイントで2学年の遅れとなります。それぞれの評価点の数値により、同年齢の子供と比較して高いのか低いのかが分かります。そして、それぞれの評価点が各指標の中で高いのか低いのか、また、10検査項目の全体を通して、どの評価点が高いのか低いのかを見ます。例えば、ある子供が"数唱"の評価点が4ポイントであれば、「聴覚的短期記憶」が極端に弱い（2学年遅れている）"と解釈できます。"積木模様"の評価点が13ポイント、"絵の概念"の評価点が14ポイント、"絵の完成"の評価点が12ポイントであれば、「視覚認知」「抽象的推理能力」「知覚的細部の認識」がやや強い（1学年高い）く、全体的に「知覚推理能力」に優れている"と解釈できます。

> **ステップ３**　KABC-Ⅱの検査結果の見方と解釈

①知能指数（IQ）を見ます。KABC-Ⅱの場合には「認知総合尺度の標準得点の数値」です。例えば、ある子供が105ポイントであれば、IQ＝105となります。IQの平均は100ですから、この子供は、平均（同年齢）より"やや高い"能力となります。なお、115ポイントは１学年程度高い、130ポイントで２学年程度高いとなります。詳しくは、事例83（126頁）を参照してください。

②全体の知能指数を構成している４つの認知尺度（継次、同時、計画、学習）を見ます。継次尺度は、情報を一つずつ時間的、系列的に処理する能力です。同時尺度は、一度に複数の情報を統合し、全体的なまとまりとして処理する能力です。計画尺度は高次の意思決定に関する実行過程を測定する能力です。学習尺度は新しいことを学習し、それを保持する能力です。それぞれの尺度の数値により、同年齢の子供と比較して高いのか低いのかが分かります。また、４つの認知尺度同士を比較して、どの尺度が高いのか低いのかが分かります。KABC-Ⅱでは、最初に"継次処理"と"同時処理"を比較して、どちらが得意な認知能力であるかを見て指導の基本とします。"継次処理"が強ければ「継次型５原則」*1、"同時処理"が強ければ、「同時型５原則」*2で指導をします。そして、次に、"計画尺度"を見て、計画尺度の方の数値が高ければ「方略の使用を確認・利用」、数値が低ければ「方略や考え方を提示」します。さらに、"学習尺度"を見て、学習尺度の方の数値が高ければ「連合学習の高さを利用」、数値が低ければ、「記憶術に関する対策」をします。

③４つの認知尺度を構成している"下位検査項目"を見ます。KABC-Ⅱの下位検査項目は、全部で11あります。11検査項目の能力は、前頁の表に示していますので参考にしてください。その一つ一つの"評価点の数値"を見ます。評価点は、WISC-Ⅳと同様に10ポイントが平均です。例えば、ある子供が11ポイントであれば、平均（同年齢）より"やや高い"となります。なお、"13ポイントは１学年程度高い"、"16ポイントは２学年程度高い"となります。それぞれの評価点の数値により、同年齢の子供と比較して高いのか低いのかが分かります。そして、それぞれの評価点が各指標の中で高いのか低いのか、また、検査項目の全体を通して、どの評価点が高いのか低いのかを見ます。例えば、ある子供の"語の学習"の評価点が13ポイントであれば、"「視覚的短期記憶」がやや強い（１学年高い）"と解釈できます。さらに、"語の学習遅延"の評価点が14ポイントであれば、"「視覚的長期記憶」もやや強い（１学年以上高い）く、全体的に「視覚的な短期記憶と長期記憶」に優れている"と解釈できます。

④国語や算数の基礎学力の指数を構成している４つの習得尺度（語彙、読み、書き、算数）を見ます。語彙は、理解語彙の能力です。読みは、ひらがな、かたかな、漢字、文章の読み能力です。書きは、ひらがな、かたかな、漢字、文章の書き能力です。算数は、計算（筆算）、数的推論の能力です。それぞれの尺度の数値により、同年齢の子供と比較して高いのか低いのかが分かります。また、４つの尺度同士を比較して、どの尺度が高いのか低いのかが分かります。例えば、小学校２年生の子供の"読み"が80ポイント、"書き"が84ポイントであれば、両方とも85ポイント（１学年の遅れ）を下回っていますので、１学年以上の遅れとなり、学習障害（読み・書き）の疑いと判断できます。なお、４年生以上では、２学年以上の遅れが学習障害の基準となっています。

⑤４つの習得尺度を構成している"下位検査項目"を見ます。KABC-Ⅱの下位検査項目は、全部で９あります。９検査項目の能力は、前頁の表に示していますので参考にしてください。その９検査項目の一つ一つの"評価点の数値"を見ます。評価点は、10ポイントが平均です。例えば、算数の下位検査項目で、"数的推論"が７ポイント、"計算"が13ポイントであれば、平均で10ポイントとなり同学年と遅れていないように思われますが、算数の問題解決能力や算数の推理能力は１学年の遅れとなっていることに注意が必要です。

＊１　継次型５原則：部分が全体へ、段階的な教え方、順序性の重視、聴覚／言語的な手がかり、時間的・分析的
＊２　同時型５原則：全体的から部分へ、全体を踏まえた教え方、関連性の重視、視覚的／運動的な手がかり、空間的・統合的

9 学級経営

スクールカウンセラーの面談や指導を必要としている

学校に、毎月や毎週、決まった曜日にスクールカウンセラー（以下、SC）が来ています。しかし、子供の中にはSCとの面談を拒否したり、あるいは面談して悩み相談するのですが、改善に至っていないようです。

活用のポイント

- ☑ 相談一覧表の作成
- ☑ ソーシャルスキルトレーニング（SST）で障害の改善・克服
- ☑ カウンセラーの指導技術を活用

活用方法

ステップ2　個別相談する子供のパターンを明確にする

☞ SCを上手に活用できていないのは、子供の活用パターンを明確にしていないことによるものです。ここで、活用の仕方を、大きく「ソーシャルスキルの実施」「経過観察の相談（悩み相談）」「突発的な相談」の3つに分け、"いつ・誰が・何を・どうする"ことが分かる『スクールカウンセラーとの相談一覧表』を作成するとよいでしょう。次頁のような一覧表を作成すれば、SC1人当たりの指導人数も明確になります。

☞ SCとの相談では、学校や子供の要望をSC自身が指導できるかです。例えば、「自閉スペクトラム症」の診断がある子供が、友達との関係が悪く別室で学習しているとします。その子供が学級復帰するためには、「対人関係スキル」を改善させるためのソーシャルスキルトレーニング（以下、SST）が必要となります。そのSSTを実際にSCが指導できるか否かです。公認心理師や学会認定の「特別支援教育士」「臨床心理士」「学校臨床心理士」「教育相談カウンセラー」などの資格を取得しているSCの方は、高度な指導技術を持ち備えていますので、是非ともお願いをしてSSTを計画的に実施していただくとよいでしょう。

ステップ2　SCが教室でSSTや自己理解・他者理解などを実施する

☞ SCの活用は、個人相談だけではありません。学級の中には、SCに相談できない子供もいるはずです。したがって、SCが学級に出向いて、「SST」や「構成的グループエンカウンター」などを実施していただき、集団（学級）内での人間関係づくり（自己理解、他者理解、自己受容、自己主張、信頼体験、感受性の促進など）を高めるような指導を依頼することも必要です。学級での実施も年間計画に組み入れておかないとスムーズにはできません。

【スクールカウンセラーとの相談一覧表（例）】

<個別相談>

活用パターン	曜日・校時	児童生徒名	課題など
ソーシャルスキルトレーニング（SST）の実施 （14回）	第1○曜日・1校時 第1○曜日・2校時 第1○曜日・3校時 第1○曜日・4校時 第1○曜日・5校時 第2○曜日・1校時 第2○曜日・2校時 第3○曜日・1校時 第3○曜日・2校時 第3○曜日・3校時 第3○曜日・4校時 第3○曜日・5校時 第4○曜日・1校時 第4○曜日・2校時	○年○組　△△△△ ○年○組　△△△△ ○年○組　△△△△ ○年○組　△△△△ ○年○組　△△△△ ○年○組　△△△△ ○年○組　△△△△ ○年○組　△△△△ ○年○組　△△△△ ○年○組　△△△△ ○年○組　△△△△ ○年○組　△△△△ ○年○組　△△△△ ○年○組　△△△△	・対人関係スキル ・自己理解、他者理解 ・コミュニケーション ・問題行動、暴力・暴言 ・場面緘黙傾向 ・自己肯定感低下 ・被害妄想 ・潔癖 ・対人恐怖 ・フラッシュバック ・コミュニケーション ・盗癖 ・自己理解、他者理解 ・対人関係スキル
経過観察の相談 （6回）	第2○曜日・3校時 第2○曜日・4校時 第2○曜日・5校時 第4○曜日・3校時 第4○曜日・4校時 第4○曜日・5校時	○年○組　△△△△ ○年○組　△△△△ ○年○組　△△△△ ○年○組　△△△△ ○年○組　△△△△ ○年○組　△△△△	・別室登校から学級復帰 ・起立性調節障害、体調不良 ・躁うつ傾向、気分障害 ・家庭不和、家庭の悩み ・虐待、ネグレクト ・部活動の悩み
突発的な相談 （4回）	第1○曜日・6校時 第2○曜日・6校時 第3○曜日・6校時 第4○曜日・6校時		

<各学級>

月　日	年　組	SSTの内容	特に必要な児童生徒
○月○日（○） ○月○日（○） ○月○日（○） ○月○日（○） ○月○日（○） ○月○日（○） （年6回）	1年1組 1年2組 2年1組 2年2組 3年1組 3年2組	・先輩との付き合い方 ・先輩との付き合い方 ・自己抑制の方法 ・自己抑制の方法 ・自己理解、他者理解 ・自己理解、他者理解	△△△△、△△△△、△△△△ △△△△ △△△△、△△△△ △△△△、△△△△ △△△△、△△△△、△△△△ △△△△ △△△△

10　学習支援

なかなか宿題をしてこない

　家庭学習の必要性から、宿題を学級全員に出しますが、なかなかやってこない子供がいます。担任としては、宿題の提出を指示しているため、やってこなくてもその子供だけ許されるという状況にしたくないので、提出がない子供にはいつも注意をするだけになってしまします。

指導のポイント

☑ 本人が主体的に取り組めるような工夫
☑ 保護者との連携強化

指導方法

ステップ1　宿題の内容や量の調整

☞ 家庭や子供の状況によって、全ての子供に一律の内容や量を指示するのが難しい状況があるということを理解した上で、宿題の出し方を考えます。
☞ 宿題メニューを作成し、子供が選択したり、コースを選んだりできるようにします。コースは量や難易度に軽重をつけます。
☞ 宿題メニューのコース選択により、宿題の量を子供が選択します。

> Aコース：漢字ドリル1ページ、計算ドリル1ページ
> Bコース：漢字ドリル1ページ、計算ドリル5問、あるいは計算ドリル1ページ、漢字ドリル5問
> Cコース：漢字ドリル5問、計算ドリル5問

ステップ1　達成感を味わえる工夫

☞ 宿題をやったかどうかの確認をポイント制にします。ポイントがたまったら「○○ができる」といった目標を作っておきます。

> 　　Aコースの選択で3ポイント＋提出1ポイント
> 　　Bコースの選択で2ポイント＋提出1ポイント
> 　　Cコースの選択で1ポイント＋提出1ポイント

ステップ1　保護者との連携

☞ 保護者には年度当初に家庭学習の意義や取り組ませ方が分かるような「便り」を発行し、家庭学習に関する共通理解が図れるようにします。
☞ 宿題は家庭に帰ってから取り組むものであるため、できたかできないかの確認は家庭に依頼します。保護者等も多忙なため、連絡帳やカードにサインのみしてもらうといった簡略化した方法を考えます。

11　学習支援

必要な持ち物を忘れてくる

　筆記用具をはじめ、教科書や提出物など必要な持ち物をそろえて持ってくることができません。そのため学習への参加に支障が出たり、提出物が出せなかったりしますが、なかなか予防策が見つからずにいます。

指導のポイント

- ☑ 予備の物を用意
- ☑ 忘れ物の予防対策の確認
- ☑ 目立つ色（赤など）の専用袋を準備

指導方法

ステップ1　学校に予備の物を用意

☞筆記用具、傘、ノート等、2つ用意できるものは、保護者と相談して、同様のものを学校で予備として預かっておくようにします。

ステップ1　対処法の確認

☞学校で忘れ物をしたらどうするのかを確認します。

- ・鉛筆や消しゴム、ノートを忘れた時は、先生に伝えてから予備の物を使います。
- ・教科書を忘れた時は、先生に伝えてから隣の友達に「見せてください。」とお願いします。
- ・提出物を忘れた時は、先生に伝え、先生から家の人に渡すメモをもらって、連絡袋に入れます。

ステップ1　忘れ物の予防対策

☞チェックリストを学校や家庭で掲示し、「声出し確認」を習慣づけます。
☞用具の準備をする時に、付箋に必要な持ち物を書き、机などに貼ります。用意ができたら、付箋を1枚ずつ剥がし、付箋がなくなったところで用意が完了というように、用意できたかどうかが分かるようにします。

ステップ2　学校と保護者間の連絡袋を目立つ色に

☞保護者との連絡袋は目立つ色（赤など）の物とし、プリント類の確認は担任が行うようにします。また、提出物を忘れたら担任が保護者宛にメモに記入し、連絡袋に入れます。

12 学習支援

視覚認知が弱く板書の文字が見えにくい

ものが見えづらいと訴えている子供に対して、黒板の文字がよく見えるように一番前の席に座らせています。しかし、書き写すまでにかなりの時間がかかってしまいます。

指導のポイント

- ☑ 『見えにくさ』の要因分析
  (眼疾、遠距離視力、近距離視力、視力の左右差、屈折異常、中心暗転、眩しさの感じ方、視野の広さ等)
- ☑ 『見えやすい』環境(座席の配置、補助具の活用、チョークの色等)
- ☑ 文具類の工夫
- ☑ 視覚と他の保有する感覚を活用
- ☑ ICT機器の活用

指導方法

ステップ1　「見る」＋「聞く」

☞ 教師が文字を書きながら言語化することによって、『音』によっても確認することができるので、写すスピードは速くなります。

ステップ1　「書く時間」を設定

☞ 授業中の「書く時間」はできるだけ十分に設定します。また、宿題や明日の持ち物等の連絡事項は、教師が分かった時点で決まった場所に書きます。そうすることによって、本人は、休み時間や昼休み等時間がある時に書くことができます。

ステップ1　「書きやすい・使いやすい」文具の活用

☞ ノートは、マス目の大きさや行幅、罫線の色が分かりやすいものを使用します。
☞ 鉛筆は、2Bか3B程度がよいです。濃すぎると字が重なってしまったり、鉛筆の持ち手が汚れたまま動かしたりするとノートが汚くなってしまいます。
☞ 消しゴムは、先が幅広いものではなく、尖ったものを使用します。
☞ 定規等は、黒白等コントラストのはっきりしたものを使用します。

ステップ2　タブレット端末や携帯用拡大読書器等の活用

☞ 板書事項や提示された情報が分かりにくい時には、デジカメで撮ったり、ビデオで録画しながら、目や耳で再度確認ができるようにします。その他に、タブレット端末や拡大読書器なども活用することができます。

13　学習支援

視覚認知が弱く運動・動作のイメージがつかめない

　子供が体育などの運動時に、動作が見えにくいと訴えます。集団の中で、どのように指導したらよいのか分かりません。なるべく特別扱いにならずに、みんなと一緒に運動をさせたいです。

指導のポイント
- ☑ 『見えにくさ』を要因分析し安全性を確認
- ☑ 困難性の配慮や軽減

指導方法

ステップ1　「見えやすい」「捉えやすい」場所（位置）に移動したり、教材を活用

☞ 整列の際には、教師の目の前か近くで、本人を「基準」とするのがよいです。また、立ち位置には、ディスクマットやテープ等で、本人が確認できる印を付けます。テープは剥がしやすいラインテープを使います。

☞ ダンス等のリズムと動作の指導の際には、2列目中央付近で友達の後ろにします。友達の模倣をしたり、教えてもらったり、聞いたりしながら覚えるという活動も必要です。

☞ ボールは、コントラスト差や蛍光色が使われているものが望ましいですが、難しい場合は、なるべく床や地面の色とは違う色のものを使います。また、テープを貼る際も同様に地面とは違う色を使います。

ステップ2　運動の種別により異なる配慮

☞ <走る>スタートとゴール地点には白線やテープをやや太めに引きます。スタートの際は、走る方向に両手を伸ばし確認させます。ゴール地点には音源を置いたり、教師や友達が声掛けする方法もあります。本人が嫌がる場合には、本人の気持ちを尊重して必要以上の配慮にならないようにします。

☞ <投げる>イメージを持ちにくいため、個別での丁寧な指導が必要です。まずは、両手での練習から始めます。ボールはコントラストの明確な柔らかく大きめのボールを使います。ボールを離すタイミングや、相手に向かって"上に（遠くに）投げる"という概念を育てます。次に、片手での練習です。ボールはハンドボールかソフトボールにします。さらに、肩を使ったり、前足を出したりと動きは多様ですが、一つ一つの動きを細かく教えていくのではなく、一連の動きとして繰り返し指導します。

☞ <受ける>ボールは投げる練習と同様に柔らかい大きめのボールを使います。最初は、近距離からのゆっくりとした受け渡しから始めます。そして、少しずつ距離をとったりスピードを速めたりします。教師側からはバウンズパスか高めのパスを投げます。本人がボールに対しての恐怖心がなくなりキャッチできる自信が芽生えてきたら、硬めのボールに変えていきます。

☞ <跳ぶ>跳び箱では、数歩の助走で跳べるようなところから始め、徐々に距離をとっていきます。踏み切り位置や跳び箱の手をつく位置にテープを貼ります。跳び箱は助走なしで跳ぶという指導もあります。

ステップ2　言葉で見えにくさを補う

☞ 「ちょっと前」「少し下がる」「あっち」「こんなふうに」のような視覚情報を伴わないと分かりにくい言葉は避けます。できるだけ明確に指示を出します。

14 学習支援

ランニングや持久走をやりたがらない

 走ることが苦手な子供で、休み時間のマラソンや持久走の練習に積極的に参加しようとしません。また、長く走り続けることが難しく、すぐに歩いたり止まったりしてしまいます。声掛けだけでは、長続きしません。

指導のポイント
- ☑ 対象の子供の走力や持久力を把握
- ☑ 「折り返し走」の実施

指導方法

ステップ1 「周回走」から「折り返し走」に変更

☞ 子供は、校庭をぐるぐる走る「周回走」よりも、一定の短い距離を往復する「折り返し走」の方が、意欲的に長く走るといわれています（岩松・三浦，2017）。そこで、周回走から、体育館の端から端まで（20m前後程度）の直線上を往復する「折り返し走」に変更し、それぞれの走力に合わせて走らせます。留意点は、以下の通りです。

①子供が端まで走らずに途中で戻ることがないようにします。必ず端まで走って壁にタッチするなど、子供本人が見通しを持てるとともに、走るごとに目標までたどり着いた実感を持てるようにすることが重要です。

②走る時間は子供の年齢や実態に応じて選択する必要がありますが、概ね5～15分の範囲で設定することが望ましいと思われます。

教師：「走って向こう側の壁をタッチしたら、走って帰ってきましょう。こちら側の壁をタッチしたら、またすぐに走り出しますよ。」
教師：「みんなは、何回、壁をタッチできるかな？」
教師：「ではスタートしますよ。」「スタート！」

☞ 「折り返し走」は、屋外での実施も可能ですが、折り返しの際の方向転換効率や天候の影響を考慮すると、体育館内における実施が有効です。

準備するもの

・目印となる色テープや子供が好きなキャラクターなど
・時間経過が分かるスポーツタイマー、必要に応じてCD類、音響機材など

ステップ2 実際に折り返し走（20mシャトルラン）を実施

☞ スポーツテストで行われる「20mシャトルラン」を持久走の指導に取り入れます。
　音から遅れても、時間内は可能な限り走り続けるようにします。
　音に合わせて走るペースを徐々に速くしていくと、過度な疲労が抑制され走る時間や距離が伸びます。

15　学習支援

学習にかなり遅れが目立ち追いつけない

　知的能力に遅れがあり、通常の学級の中で皆と一緒のペースでの学習がほとんどできません。本人はただ参加している状況にあります。なかには特別支援学級（知的障害）該当の子供もいます。どのような指導をすればよいか苦慮しています。

指導のポイント

- ☑ 「学校が楽しい」と思い、毎日休まずに登校できる
- ☑ 個別の目標を明確にして学習内容を精選

指導方法

ステップ1　不登校にさせない

☞毎日、「学校が楽しい」と思えるようにします。そのために、何でもよいので学習以外で「楽しみ」を見つけます。例えば、「友達と話すのが楽しい」「給食を食べるのが楽しい」「部活動が楽しい」などです。学校がつまらなくなって、不登校になるようなことは避けます。

ステップ1　個別の合格基準の設定で"できない"から"できそう"へ転換

☞テスト（単元、中間、期末など）では、事前に本人と話し合って合格基準を設定します。例えば、他の児童生徒の合格点が80点だとして、本人には「30点で合格」と伝えます。本人には、30点以上取れるように励まします。結果的に30点以上取れれば、大いに褒めます。褒められる嬉しさを味わわせます。

ステップ2　単元学習で必要最小限の内容を精選

☞単元学習が始まる前に、担任（担当者）がその単元学習の中で必要最小限に覚える内容（キーワード、公式、用語など）を3～5くらい選定し、それを本人に示して「これだけは覚える」ことを伝えます。小テストでは、この選定した内容から問題を出して、チェックすれば習得しているかを判断できます。

☞中学校のように教科ごとに担当者が異なる場合には、担任が事前に教科担当者に聞き出すことも必要です。

学習の遅れの生徒への対応
担任が単元開始前に教科担当にキーワードを聞き出して生徒に渡す

数学　7月2日～
これだけは必ず覚えよう！
＜正負の計算＞
① 4－(－8)－5＝
② 6－(2－7)＝
③ 3＋(－2)－5＝
④ 7＋3×(－2)＝
⑤ －2×4＋6＝

社会　7月4日～
これだけは必ず覚えよう！
＜明治時代＞
＊漢字で書けるようになろう
① 明治維新
② 福沢諭吉
③ 学制
④ 徴兵制
⑤ 地租改正
⑥ 大日本帝国憲法

学習の遅れの生徒への対応
小テストして、覚えているかをチェックする

数学　小テスト
しっかり覚えたかな？
＜正負の計算＞
① 3＋(－2)－5＝
② 4－(－8)－5＝
③ 6－(2－7)＝
④ －2×4＋6＝
⑤ 7＋3×(－2)＝

社会　小テスト
しっかり覚えたかな？
＜明治時代＞
① がくせい
② ちそかいせい
③ めいじいしん
④ ちょうへいせい
⑤ だいにっぽんていこくけんぽう
⑥ ふくざわゆきち

16 学習支援

姿勢を長時間保つのが難しい

　授業中に姿勢がすぐに崩れて、周囲をキョロキョロと見まわしたり、机に肘をついたり顔を伏せたりするなど、良い姿勢を保って前を向き集中して教師の話を聞くことが難しいです。姿勢を整えて座るルールを作ったり、机間巡視の際に個別に注意したりしていますが、5分程度しかもちません。

指導のポイント

- ☑ 姿勢が崩れる頻度の把握
- ☑ 授業中に動きがあるような展開の工夫
- ☑ 体操や体幹トレーニングの実施
- ☑ トランポリンを使った運動や遊びの実施

指導方法

ステップ1　姿勢が崩れる頻度の把握

☞ どの授業でもすぐに姿勢が崩れるのか、特定の教科で姿勢が崩れやすいのかなどを把握します。特定の教科で姿勢が崩れるのであれば、その教科の学習意欲や理解力が低いことも考えられます。教科の補充指導を考えます。

ステップ1　崩れている姿勢の状態の把握と物理的環境整備

☞ 姿勢の崩れ方を詳細に観察します。猫背のようになり、机に肘をついたり頬杖をついたりしている場合は、座面に高反発まくらなどを置いて、座面に少し角度をつけて、背もたれにもたれて座れるようにします。

☞ 椅子の座面からおしりがずり落ち、おしりの上部で座って背もたれにもたれかかっている場合には、椅子の座面に100円ショップなどで手に入る滑り止めシートを貼ったり、理科室や家庭科室などの背もたれがない椅子を使ったりします。

ステップ1　動きがあり、姿勢がリセットできる授業展開の工夫

☞ 学級全員で、立って朗読する、教科書の問題を解いてできたら立って移動して3人の友達と答え合わせをするなど、立って動ける時間を授業に組み込みます。

☞ 午後からの授業では、学級全体の姿勢が崩れやすいので、必要に応じて全員を起立させて「伸び」「首回し」などの小運動を10秒程度入れます。

> **ステップ2**　バランスボールに座って授業

☞ 椅子をバランスボールに替えて、授業を受けさせます。（他の子供も使いたがるため、本人、保護者、学級の子供に合理的配慮についての説明が必要）
☞ バランスボールに座って骨盤を立てるようにして、頭を上から引っ張られているようなイメージをもてるようにすると、背筋が伸びてきます。

> **ステップ2**　体幹トレーニングやトランポリン運動を実施

☞ 体操や体幹トレーニング（①V字腹筋での姿勢保持、②片足立ちの練習）を繰り返し練習し、自分で体を支える力や体のバランスを保つ力を養います。
☞ トランポリンを使い、はじめは自由に跳べるようにします。徐々に慣れてきたら、跳び方や跳ぶ位置、跳ぶ高さ等を意識して、連続して100回程度（または、3～5分程度）跳べるようにします。また、跳ぶ際には、両足を揃えて、トランポリンの中心部分を使い、高くジャンプできるようにします。
☞ トランポリンは、跳び方が慣れてきたら、体をよりまっすぐにして跳んだり、腕を大きく振って跳んだりできるよう説明するとよいでしょう。

---
① 「もっと高くジャンプしてみようか！」
② 「そう、両足を揃えて真ん中の部分で跳んでごらん！」
③ 「一緒に跳んだ回数を数えてみよう！」（数を目標にできる子供に対して）

> **準備するもの**

・簡易トランポリン
・タイマー（時間を設定する場合）

> **ステップ3**　固定できない椅子に座る

☞ 座る椅子を一本足にするなど、バランスを保っていないと座れない椅子を使用します。

17 学習支援

やる気が乏しく持続力も低い

特別扱いしてほしいという気持ちが強く、嫌なことがあると泣いたり、「疲れた。」と言って学習に取り組まない子供がいます。保健室やトイレに行き、長時間休むこともあります。持続力を伸ばす方法が分かりません。

指導のポイント

- ☑ 本人の強みが何かをよく観察する
- ☑ 活動の目的と活動時間を可視化する
- ☑ 活動時間を自分で目標設定して持続力を増やす

指導方法

ステップ1　本人の強みと学習をつなぐ

☞ 本人はかっこいいことや、おしゃれに強い関心をもっています。服にもこだわりがあり、ブランドのものを好んで着ているため、そこに注目しました。「○○はかっこよく働く人のブランドだから、それを付けたＡ君はバリバリ集中できるよね？」などと本人のやる気を高めます。

ステップ1　活動の目的と時間を可視化する

☞ なぜ、何のために取り組む必要があるのかをカードに示します。本人が活動時間を意識できるようにタイマーを用いて可視化します。

<取組の手順>
①ワークシート（目標設定用紙）、手順書、カード、シール、タイマーを用意します。
②取り組む手順や方法を具体化し手順書に書いておきます。
③活動の目的をカードで示します。
④タイマーで時間を設定します。（5分→10分→15分→20分）
⑤設定された時間活動が持続できていたら、ワークシートにシールを貼ります。
⑥集中して活動している様子を動画や写真で撮影します。
⑦振り返りの際には写真を見ながら評価し、褒めて次回への意欲を高めます。
⑧活動に慣れてきたら、本人に時間を設定させます。
⑨タイマーを活用し、少しずつ持続できる時間を増やしていきます。
⑩振り返りの際には、シールを見ながら頑張ったことを褒めて次につなぎます。

ワークシートの例

18 不適応状況

お腹がすいてイライラしてしまう

4校時目の給食前になると、お腹がすいてイライラし、学習活動にやる気が出ません。その都度、本人に頑張るように励ましているのですが、なかなか学習に向いてくれません。

指導のポイント

☑ 「お腹がすいた！」と言う前に声掛け（事前指導）
☑ 声掛け（事前指導）した後も、一定時間で再度の声掛け（間欠指導）

指導方法

ステップ2 事前指導と間欠指導の組み合わせ

☞ 子供が「お腹がすいた！」と訴え始めてから対応（事後指導）しても効果がありません。子供が「お腹がすいた！」と言う前に、教師が「お腹がすいた人は手を挙げてください。」などと声掛けして「我慢」を促します。つまり、事後指導ではなく事前指導することが重要です。子供の行動を予測して予防策を考えます。

☞ 事前指導は、一定の間隔で継続し、さらに"間欠刺激"をしていきます。事前指導と間欠指導は、以下のような声掛けをします。

"事後指導"と"事前指導"の違い

事後指導（行動後）	→ 事前指導（予防）
(子供)先生、お腹すいた！ (子供)僕も腹減った！ (教師)○○君、もうお腹すいたの？給食は、まだです！ (子供)まだかあ。 ↓ *20〜30分後 (子供)先生、給食まだなの？ (子供)腹減った！早くしてよ！ (教師)何回言ったら分かるの。まだに決まっているでしょ！ (子供)まだなの？お腹ペコペコで力が入らない！ (子供)我慢できない。	(教師)皆さん、お腹がすいてきた人手を挙げてください。 (子供)はい。少しすいてきた！、 (子供)まだ、大丈夫！ (教師)我慢しましょうね。 (子供)はーい。 (子供)頑張る。 ↓ *20〜30分後 (教師)皆さん、もうすぐ給食です。もう少し、我慢しましょうね。 (子供)はーい。 (子供)我慢する！。

① **4校時目の授業が始まったらすぐに（事前指導）**
「皆さん、お腹がすいた人はいませんか。手を挙げてください。」
（子供数人が手を挙げる）
「A君、B君、Cさん、お腹がすいたようですね。給食は、この学習が終わってからです。この時間は、○○の勉強をします。我慢しましょう。」

② **15分経過後（間欠指導）**
「皆さん、お腹がすいた人はいませんか。手を挙げてください。」
（子供数人が手を挙げる。多くなっている）
「A君、B君、Cさん、D君、お腹がすいたようですね。給食は、まだです。みなさん、時計を見てください。○時○分になったら、給食です。我慢しましょう。」

③ **30分経過後（間欠指導）**
「皆さん、お腹がすいた人はいませんか。手を挙げてください。」
（子供が手を挙げる。更に多くなっている）
「A君、B君、Cさん、D君、E君、Fさん、お腹がすいたようですね。みなさん、時計を見てください。○時○分まで、もう少しです。我慢しましょう。」

19　不適応状況

「できない」「難しい」など
ネガティブな発言をする

様々な活動場面で、他の友達と自分を比べて、すぐに「〜できない。」「あー、負けちゃう。」などの発言があります。このようなネガティブな発言をすると、普段なら一人でできることも力が出せなくなってしまいます。

指導のポイント

☑ ネガティブ発言をポジティブ発言に修正
☑ 障害特性や発達段階による困難性を考慮
☑ 成功経験による自己肯定感の回復

指導方法

ステップ1　ネガティブ発言からポジティブ発言へ言い直し

☞個別面談を設定して、ポジティブな発言をすることを約束事として確認し、実際にネガティブ発言があった時にポジティブ発言に言い直させます。

① ネガティブ発言が多く聞かれる場面を把握しておき、ネガティブ発言が出る前に約束事を思い出させます。
② ネガティブ発言があれば、「そういう時は何と言うのかな？」と問い掛けます。
③ すぐに言い直しができない場合は、ポジティブな言い方を教えて、復唱させます。
④ 自らポジティブな言葉に言い直せたら、「そうだね。」「できるよ。」と声を掛けます。

ステップ1　苦手なことには適切な手立てを入れる

☞ネガティブ発言をすることで、その自らの言葉に影響されてしまうので、ポジティブ発言に言い直させます。しかし、障害特性から苦手となっている場合には、教師が実際にモデルを見せたり手添えの支援をしたりして、具体的な手立てを入れ、成長に併せて手立てを減らしていきます。

ステップ1　成功体験を積み重ねることで自己肯定感の回復を図る

☞ネガティブ発言の背景には、多くの失敗経験からくる自己肯定感の低さがあります。ポジティブ発言を成功経験に結び付け、自己肯定感の回復を図ります。

ステップ2　ポジティブ発言を蓄積して他の場面へ広げる

☞これまでのポジティブ発言を短冊などに書いて蓄積しておきます。そして、ネガティブ発言をした時には、それを見せてポジティブ発言に変えます。それを他の教師や保護者、関係機関の職員にも実践してもらいます。

20 不適応状況

被害妄想があり自己肯定感が低い

子供が自分に対する肯定的な意識が低いため、課題をはじめからやらなかったり、簡単に諦めてしまったりします。被害妄想的な面も見られます。

指導のポイント
- ☑ 「頑張り度合い」を目で見て分かりやすく確認
- ☑ 被害的な認知を修正

指導方法

ステップ1　自己肯定感を高める

☞ 自己肯定感を高めるために、個別面談の評価を明確にします。

①確実にできる課題を、本人と相談して設定します。
②課題をやり終えた後、頑張り度合いを自己評価させます。
③自己評価よりも高い評価を伝えます。
④「頑張れて嬉しいですね。」と共感的な言葉を掛けます。

ステップ1　被害的な認知を修正

☞ 妄想によって友達から自分への攻撃があったと思える時には、その内容を行動（事実）と解釈を分けてカードに書かせます。

ステップ2　消去するためにゴミ箱に捨てる

☞ 思い込んでいる内容を紙に書いて、ゴミ袋に入れて捨てさせる方法もあります。消去する方法については、事例44（67頁）に具体例が掲載されています。

ステップ2　目に見える頑張りの評価

☞ 頑張り度合いを目で見て分かるようにする教具を使用します。

・カップに自分が頑張ったと思う個数、ビーズを入れさせます。（自己評価）
・「こんなに頑張ったんだね。」と言いながら、ビーズを入れるところを見守ります。

・「先生はこれくらい頑張ったと思います。」と伝えながら、子供よりも多くのビーズを入れます。

21 不適応状況

課題を指示しても嫌がり逃げてしまう

課題を指示しても「やりたくない。」「やらない。」と言って、その課題をやらずに逃げてしまいます。無理にやらせようとするとパニックになってしまいます。

指導のポイント

- ☑ 「やれそう」と思える課題を子供と一緒に設定
- ☑ 無理強いされない安心感の獲得
- ☑ 「all or nothing」思考の修正

指導方法

ステップ1　教師の期待を明確化

☞本人ができるように、前もって複数の課題を準備したり、教師が行ってほしいことを本人に伝えたりするようにします。

①課題の質と量を勘案して、複数の課題を準備します。
②学習プリントや課題を端的に書いた短冊などを準備します。
③子供に「やる」と「やらない」の中間として設定した「やれそう」「むずかしそう」に課題を分類させます。
④「やれそう」に分類した課題を、教師が子供の見ている前で「必ずやってほしい」「できればやってほしい」に再分類します。
⑤「やれそう」で「必ずやってほしい」に分類された課題に絞ってやらせます。
⑥「やれそう」な課題に取り組もうとした時に褒めます。
⑦定期的に課題を追加して分類させ、定着を図っていきます。

準備物

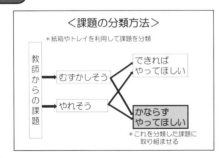

ステップ2　分身人形を活用

☞分類することを嫌がったり、全てを「むずかしそう」に分類したりする場合には、本人に代わって行う分身人形を作成しておき、それを活用して分身人形と一緒に分類させるようにします。

22 不適応状況

支援を受けることを嫌がって拒否する

学習の理解が遅いため、取り出しの個別学習をしたいのですが、子供がみんなと学習したいという思いが強く、個別学習を受けたがりません。別の子供は、通常の学級の中で支援員がそばについて学習を見てもらっているのですが、その支援員に「来てほしくない。」と言います。

指導のポイント
- ☑ 支援を受けることの自己理解
- ☑ 子供のプライドを傷つけない

指導方法

ステップ1　支援を受けることの自己理解

☞自分の能力や苦手なことを捉えさせて、自己理解させます。そして、勉強するのに一番ふさわしい場所を考えさせ、自己決定できるようにします。

<自己理解ができる場合>
① 「Aさんはどんなことが得意かな？じゃあ、苦手なことはどんなことかな？」と問い掛け、子供が自分で考えて答えることがポイントです。紙に書いて整理してあげます。
② 「算数が苦手なんだね。難しいところがたくさんあるよね。でも、もし、分かるようになったら、嬉しいよね。先生もAさんに算数ができるようになってほしいと思っているよ。」
③ 「クラスで勉強していると、先生は、みんなもいるからAさんが困っている時にすぐに教えに行ってあげたり、問題が解き終わるまで待ってあげられないんだ。だけど、個別指導だったら、B先生がAさんに合わせたスピード・やり方で分かりやすく教えてくれるよ。」
④ 「どっちが、自分のためになるかな？」最後は、必ず自己決定させます。無理に取り出しの個別指導をしても、行きたくないと繰り返してしまいます。

<自己理解が難しい場合>
① 「Aさんはどんなことが得意かな？じゃあ、苦手なことはどんなことかな？」
（答えられない。または見当違いの答え）
② 「テストの点数はどうかな？（○点以上とれているかな？）宿題をするのが大変じゃないかな？」具体的に考えるポイントを伝え、子供に言わせていきます。
③ 「実は、クラスで勉強ができるのは、みんなと同じスピードで問題が解けたり板書できたりする人、先生が指示したことが1回で分かる人、テストで○点はとれる人なんだよ。Aさんはどう？」
④ 「でも、大丈夫。個別学習でしっかりと勉強すれば、分かるようになって、またみんなと勉強できるよ。そうなれるように頑張ってみよう。」

ステップ2　子供のプライドを守りながらの支援

☞支援員がずっと同じ場所にいたら、子供は劣等感をもち、支援を受けたがらなくなります。特に、高学年になれば、本人も周囲も状況が分かってしまうので、なおさら拒絶してしまいます。そのため、支援員は、Aさんとは別のC君を中心としながらも全体に支援するよう動きます。また、はじめに支援員が来る時には、「みんなのことサポートしてくれる先生」と紹介し、クラス全員を見てくれていると思わせることで、特別感がなくなります。

23 不適応状況

特定の教師の指示しか聞かない

特定の教師の言うことしか聞かず、他の教師が指示をすると些細なことで怒り出してしまいます。こだわりがあるのか、その教師が嫌いなのか、よく分かりません。

指導のポイント

- ☑ 場面ごとに指示を聞くべき教師を明確化
- ☑ 聞き取りやすい環境の設定
- ☑ 教師の指示による安心感や達成感の獲得

指導方法

ステップ1　指示をする教師の明確化

☞ 本人に指示をする教師であることが分かるように、首からぶら下げるネームホルダー(職員証)を見せます。次に、ネームホルダーの裏に本人の写真が貼ってあることを確認させ、「A君の味方です」と伝えます。そして、本人の顔を見ながら用件を伝えたり指示をしたりします。

ステップ1　安心感や達成感の獲得

☞ 「指示通りにできること」「本人がやりたいと思うこと」を指示して、指示通りにするとうまくいく経験を積ませます。

ステップ2　分身人形に話す

☞ 話を聞きたくなさそうな時には、本人に代わって行う分身人形を作成して、その分身人形に話すようにすることで、本人に伝わるようにします。

準備物

＜A君に指示をする教師であることを伝えるネームホルダーの作成＞
・ネームホルダーの裏面に、本人の顔写真を貼っておき、個別に話をする前に見せます。

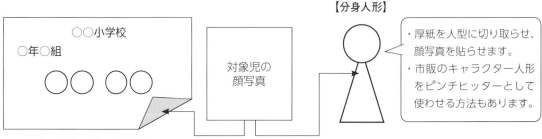

24 不適応状況

自分の世界に入ってしまい話を聞いていない

子供が授業の最中に教師の話を聞かず、自分の世界に入ってボーっとしています。しかし、自分の好きな教科や興味・関心のある時には集中して聞きます。話を聞いていない割には、学習成績が悪くありません。

指導のポイント

☑ 知的能力や学習成績の差異により指導方法を替える
☑ スイッチタイプ（ON・OFF）を見極め、OFF の時に注意喚起

指導方法

ステップ1 　知的能力が高く、学習成績が良い場合

☞教師の指示を聞いていないようで実は聞いています。結果的（成績的）には良いので、「本人の気質」として捉え、適宜指導（注意）します。
☞個別面談をして、集中して聞くことにより、更に成績が上がることを伝えます。

ステップ1 　知的能力が低く、学習成績が低下している場合

☞座席を前の方にして、常時、教師の目が届くようにします。
☞順番に指名していく方法では、最初に本人を指名してしまうと、本人は「もう当てられない」と思ってしまうので、最後の方に当てるようにします。緊張感をもたせながら集中力を持続させます。
☞個別面談をして、集中してない状況を伝え、注意喚起を促します。
☞教師が質問した内容を本人が聞いたか否かを確認する場合には、以下のように聞いていない子供の数人に指名し、その後に聞いている子供を指名します。

> 教　師：「それでは皆さん、これから〇ページにある〇〇に取り組んでください。」
> （数秒後）
> 教　師：「A君、今、先生は何をするのかについて言いましたよね。それを皆さんに教えてください。」
> A　君：「…。」
> 教　師：「それでは、A君が分からないようなので、B君、皆さんに教えてください。」
> B　君：「…。」
> 教　師：「A君とB君が分からないようなので、Cさん、皆さんに教えてください。」
> Cさん：「〇ページにある〇〇に取り組むように言いました。」
> 教　師：「そうですね。先生は、〇ページにある〇〇に取り組むように言いました。A君とB君、今度から先生の指示をしっかり聞くようにしましょうね。」

ステップ3 　病院を受診して薬物治療

☞ ADHD の不注意（ADD）がある場合には、病院を受診して薬物治療（ストラテラ薬）を開始することを保護者に勧めます。ストラテラ薬は、副作用が少なく、一日中、集中力が持続します。

25 不適応状況

切り替えができず固まって動けない

子供に質問したり指示をすると、体が固まってしまい、何も言葉を発しなくなり、動けなくなってしまいます。ずっと待っていましたが、どうすることもできません。

指導のポイント

- ☑ 理解力が低い場合には、意味が理解できるように別の言葉に置き換え
- ☑ 理解力がある場合には、言語や行動のパターン化
- ☑ 待たないですぐに次の指示を与える

指導方法

ステップ1 理解力が低く固まっている場合（意味理解）

☞教師からの質問や指示がよく分かっていない場合は、当該学年よりも低い学年の子供だと考えて、分かりやすい言葉で、かみ砕いて質問や指示をしてみます。そして、理解できたかを確認します。待っていても動けません。

ステップ1 理解力があるのに固まっている場合（パターン化）

☞教師からの質問や指示を大体分かっているのに固まっている場合、本人は頭の中で考えていますが、どのように答えたり行動したりすればよいかを引き出すことができないでいるのです。待っていても動けません。そこで、すぐに適切な言動をパターン化して教えます。ヒントを出してもよいでしょう。パターンを覚えるようになると、次に同じような質問や指示があればできるようになります。

☞パターン化には、以下のような指導方法があります。

・本人に「この時には、○○のようにします。」「この時には、○○のように答えるといいよ。」と言い、すぐに<u>その通りに</u>実行させます。
・本人に「この答え方は、○○、△△、□□、どれでもいいよ。」と<u>複数の答えを提示</u>し、「この中からどれを選んでもいいから、やってみなさい。」と<u>選択させて</u>行動させます。
・本人に提示する場合には、全て正答のパターンだけを提示し、誤答のパターンは提示しないようにします。

26　不適応状況

多弁で常にしゃべっている

授業中、教師の質問にすぐに反応して発言したり、いつもしゃべり続けています。他の子供たちからも「A君がうるさい。」「座席を替えてください。」と訴えがあります。その都度、本人に注意しているのですが、なかなか止めることができません。

指導のポイント

- ☑ 本人が発言しても指名しない（無視するのも指導の一つ）
- ☑ 授業中における発言のルールを本人と確認（1回程度）
- ☑ 本人の座席を前方の端に移動

指導方法

ステップ1　発言ルールの確認

☞ 個別面談を設定して、以下のような授業中の発言ルールを確認させます。

① 「授業中はクラスの全員に指名しなければならないので、A君が指名されるのは1回だけ。多くとも2回までかなあ。」と言い、指名される回数を確認させます。
② 「A君は理解力があるね。」「A君は頭の回転が速いね。」と言い、本人を褒めます。
③ 「A君には、クラスのみんなが質問しても分からなかった時や、ここぞ！という時の一番重要なところで指名するからね。それまでは、いつ質問されてもいいように静かに集中して聞いていてよ。」と言い、活躍の場を与えることを伝えます。
④ 「本当に頭の良い人やできる人というのは、ベラベラしゃべらないよね。黙っていた方がかっこいいよね。」と言い、多弁を制限させます。

ステップ2　発言した際の指名の仕方

☞ 指名しないことです。これも「指導方法」の一つです。指名すると、脳が喜んで、また挙手したいという欲求が募り、繰り返し挙手します。

ステップ2　座席の配置

☞ 座席は一番前の端、または一番前の真ん中にします。そして、本人の隣りを空席（机だけ置いても可）にします。
☞ 座席を2番目以降にする場合には、本人の周りを空席（机だけ置いても可）にします。

ステップ3　マスクの使用

☞ マスクを掛けさせます。（インフルエンザ予防などと称しても可）

27 不適応状況

何でも自分が一番になりたがる

課題に取り組んでいる時、「できた人から見せてください。」という指示をすると、必ず我先にと課題を持ってくる子供がいます。じっくり考えて取り組むことよりも、一番に提出することだけに気が向いているため、誤答も多く文字も雑です。

指導のポイント
- ☑ 速さではなく正確さが重要
- ☑ 褒める時の声掛けを工夫
- ☑ 特別扱い

指導方法

ステップ1　速さと正確さに対する指導の徹底

☞ 答えの正確さや、文字の丁寧さが重要であることをクラス全体で確認し、「正確さや丁寧さ」を「褒め」の中心にします。他の子供を褒める際にも、速さよりも正確さや丁寧さを褒めるようにします。

ステップ1　声掛けを工夫

☞ 「しっかり考えながら書いていますね。」「文字が丁寧で素晴らしいですね。」など、スピードに関することには触れないようにすることです。正しい答えを書けた時や、丁寧な文字を書いたことを褒めることを繰り返すことで、「一番」に対するこだわりは徐々に少なくなっていきます。

ステップ2　特別扱い

☞ 「〜の点では、Aさんが一番だね。さすがAさん！」「今日は一番最初にAさんのプリントを見に来ましたよ。」など、「一番」という言葉を用いて話し掛けて満足させます。場合によっては、点検の際に「Aさんには特別、これ！」と言いながらスタンプを押したり、シールを貼ったりすることも効果的です。一番になりたがる子供は、「特別扱い」をしてもらいたい子供でもあるのです。自尊心が満たされることで、周囲の子供に対する攻撃も少なくなっていきます。

28 不適切行動

授業中に勝手に教室から出て行く

子供が授業中に教室から出て行ってしまい、校内を徘徊し続けます。引き留めようとすると「いやだ。」と言って怒り出してしまいます。

指導のポイント

☑ 教室から出ること自体は不問
☑ 教室を出る行動を利用して約束を守る行動を強化
☑ 教室から出た後は徘徊する行動を維持する強化子を除去

指導方法

ステップ1 教室から出る時のルールを徹底する

☞教室から出る時の約束では、先生との約束を守る行動を強化し、教室から出た後の対応では、徘徊する行動を弱化します。

<教室から出る時の約束（先生との約束を守る行動を強化）>
①教室から出たい時には、許可証を提示し出てもよいことを伝える。
②落ち着いている時に、本人と相談して、教室から出た後の居場所、教室に戻る時間を決める。自分で教室に戻った時は「約束通りにできましたね。」と言葉を掛ける。

<教室から出た後の対応（徘徊する行動を弱化）>
③支援員等の協力が得られれば、教室から出ている間、本人の5メートルほど後ろをついて、嫌がられながら見守り続ける。
④約束している時間になるまでは、話し掛けたり、教室に戻るように促したりせず、事務的に対応する。
⑤約束違反の行動をしようとした時は、「約束違反です。」「止めます。」と予告し、無表情で制止する。
　※約束に違反した場合、予告した後に制止することがあること、危険な時以外、予告せずに制止したり、叱ったりすることはないことを伝えておきます。

準備物

離席許可証の作成

表面
許可証（きょかしょう）
氏名
○○月○○日まで有効
つらくなった時は、○○に行くことを許可します。

裏面
約束
・許可証を見せてから教室を出ます。
・許可証はいつも持っています。
・15分間で教室に戻ります。

29　不適切行動

授業中に何度も保健室に行く

様々な心身の不調を訴え、保健室に頻繁に行く子供がいます。授業を受けたくない気持ちが強いのか、体調が悪いのか、授業中や休み時間に保健室に行くとなかなか教室に戻ってきません。

指導のポイント

- ☑ 器質的要因の有無を確認して必要な場合には病院の受診
- ☑ 養護教諭との密な連携
- ☑ 保健室利用についてのルールを再確認

指導方法

ステップ1　養護教諭と情報共有

☞ 思春期の子供や発達障害を抱えている子供は、人間関係や学習など学校生活の中で様々な困難を抱えやすいため、保健室をケガや病気だけでなく、悩み事の相談、クールダウンの場所、心の居場所として利用することが多いです。担任は養護教諭に、利用目的が障害から起きる不適応なのか、器質的疾患等を抱えているのかを見極めてもらうように連携して対応します。

☞ 保健室は、休み時間内であれば、ルールを守った上で自由に利用させます。しかし、休み時間が終わっても教室に戻らないなど、授業に影響が出る利用の仕方や他の来室者に迷惑となるような行動や保健室の物品を勝手に触るような利用の仕方にならないようにしなければなりません。

ステップ1　器質的な問題の可能性の排除

☞ 保健室では、頭痛や腹痛、倦怠感などの体調不良を訴えた場合には、器質的要因を疑い、問診を行い、バイタルを測定します。また、必要に応じて視診、触診なども行います。繰り返し体調不良を訴える子供で医療機関を受診していない場合には、養護教諭から保護者に受診を勧めてもらいます。受診済みの子供でも、何度も何度も来室をする場合、はじめから心因性を疑わないようにします。

ステップ1　養護教諭と連携強化

☞ 子供の保健室来室理由が器質的要因の可能性が低い場合は、心因的要因が原因であるとして対応します。養護教諭が子供の悩み事の相談を聞くことは保健室経営を行う中で、当然必要なことですが、最も大事なことは、養護教諭だけに任せるのではなく、組織的に対応することです。

☞ 学年や学級担任と十分な話し合いの下で組織的な対応をすると同時に、本人とは保健室の利用に関するルールの確認と、そのルールを可能な限り守らせることが重要になります。

| ステップ2 | 保健室来室記録簿の活用 |

☞ 養護教諭は、頻繁に来室する子供の来室日時、体質理由、相談内容を記録に残し、状況を学年・学級担任に分かりやすく伝えることができるように、下表のような一覧表を作成していることが多いです。そこで、それを担任が活用して、傾向と対策を探っていきます。

【○年×組　氏名△△△△△　保健室来室記録の例】

月日	時間	前の時間割 後の時間割	来室理由	放課後	未提出の提出物 委員会の仕事	睡眠時間 朝ごはん
4／9 (木)	10:45 (休み時間)	前　体育 後　数学	頭痛 だるい	スポーツ活動	宿題(数学・国語) 放送当番	7時間半 食べた
4／10 (金)	11:00 数学 (3時間目)	前　社会 後　理科	頭痛	スポーツ活動	宿題プリント(数学)	7時間 食べた
4／13 (月)	14:25 (休み時間)	前　美術 後　数学	頭痛	なし	放送当番	6時間 食べた

※例えば、特定の科目での来室が多いということが分かれば、学級担任はその科目の授業者に協力を依頼し、教室に向かう際に保健室に寄ってもらい、該当の子供に声掛けして一緒に教室に向かう等の連携も考えることができます。

| ステップ2 | 保健室利用のルールの再確認、追加 |

☞ 保健室には救急処置基準があります。しかし、細かいルールまで決まっていないので、担任と養護教諭は、正しい利用の仕方を本人と確認してルールを一緒に作ることも必要です。

【個別の保健室利用のルール例】

- 授業中のケガ以外は保健室の利用はできるだけ休み時間にする。
- 休み時間の保健室利用は終了3分前にタイマーを鳴らすことにする。タイマーが鳴ったら、教室に戻る。
- 熱37.0℃以上、脈拍が100回／分以上あったら保健室で休む。それ以外は教室に戻る。
- 睡眠不足やゲームのし過ぎが原因の場合は、横にならずに椅子に座って休養する。
- ベッドで休養できるのは、1日1回までにする。
- 保健室で休めるのは1週間に○回まで　(＊器質的要因の可能性が低い場合に限る)

| ステップ2 | ルーレット3択で保健室にいる時間を決定 |

☞ なかなか教室に戻りたがらない場合には、ルーレットで「すぐに戻る」「5分休憩する」「10分休憩する」の3パターンの中から1つを選択させ、タイマーが鳴ったら教室に戻します。この時間の欠課が本人にとってプラスにならないと思われた場合(例えば、テスト前の復習の時間など)には、養護教諭が子供に説明し、一緒に教室に向かうようにしてもらいます。本人に対しては、授業に途中からでも参加できたことへのフィードバックを忘れないようにしましょう。

30 不適切行動

教室以外での学習場所を拒否する

授業中に、立ち歩く、教室から出て行く、隣の子供にちょっかいを出す等、不適応状態が継続しています。その都度、着席するように促したり、引き合ってトラブルにならないようにしたりしていますが、なかなか改善されません。本人に教室以外の"居場所"での学習を勧めてみましたが、「みんなと一緒がいい。」と言います。

指導のポイント

- ☑ 本人と面談してどのようにすると学習できるかを話し合う
- ☑ 教室の中で集中して学習できる"居場所"を提案

指導方法

ステップ1　ルールの徹底

☞ 本人と教室内でのルールの確認をします。

ステップ2　教室の中での"居場所"や"個室"の作り方

☞ 学習中に不適応状態を示す子供に対して、教室以外での「相談室」や「特別支援学級」等を提案すると、多くの子供が「みんなと一緒に勉強する。」と言って拒否します。そこで、教室の中に"居場所"や"個室"を提案して作ります。その作り方は以下の通りです。いずれも、本人・保護者の同意が必要であり、場合によっては、学級全員の子供やその保護者にも説明する必要があります。

☞ ［例1］教室の後ろ側にパーティションで区切ったり、本箱や棚を置いて"個室"を作っておき、本人が不適応状態の場合にその"個室"で学習させます。

☞ ［例2］教室の前の端（教卓などの位置）に本人の机を移動させ、そこを"居場所"にして学習させます。

ステップ3　座席の仕切り

☞ ［例3］本人の座席位置をそのままにし、隣席との間をパーティションで区切ったり、移動黒板等を入れて学習させます。

［例1］　教室の後ろに個室

［例2］　教室の前に移動

［例3］　パーティションで区切る

31　不適切行動

パニックになって更にエスカレートする

授業中や休み時間に、ふとしたきっかけで子供がパニックになって暴れてしまいます。その時の暴れ方がすごく、友達や先生を蹴ったり叩いたりすることもあります。暴力を止めに入るのですが、ますますエスカレートしてしまいます。

指導のポイント

- ☑ 緊急対応として暴力を止める
- ☑ パニック場面を他の子供に見せない
- ☑ パニックの要因分析

指導方法

ステップ1　暴力の止め方、押さえ方

☞本人が暴れていて、友達にケガを負わせる危険性がある場合には、緊急対応として、その行為を止めに入ります。止めに入る場合には、本人の正面から行き、立ったまま両手で本人を抱えるようにし、さらに手を組み教師側にギュッと引き寄せます。その時、組んだ両手を少し上の方に上げて、本人の足が地面に付かないくらいに宙ぶらりん状態にします。そして、本人を抱え込んだまま移動させます。子供を"後ろから抱え込む"止め方や押さえ方はしないようにします。なぜなら、子供が教師の足や近くにある物を蹴ったりするからです。子供は、止めに入った教師の顔が見えないので不安になり、ますます暴れます。

☞暴力を止めに入った教師の行為が、"子供への暴力行為"と一見して見間違われてしまうこともありますから、複数の教師で対応しましょう。

ステップ1　パニックを他の子供に見せない

☞パニックを起こしている時の場面は、他の子供たちにできる限り見せないようにします。その方法として、一つは、教師が本人をその場から素早く移動する、もう一つは、子供たちをその場から素早く移動させることです。いずれにしても、長い時間、その場面を見続けると、他の子供の"恐怖観念"となり、"トラウマ"になることもあります。

ステップ2　パニックの要因の分析

☞パニックが起こることには、何かしらの原因があります。その原因をきちんと分析して、再発しないようにします。時には、友達同士のケンカではなく、以前の嫌な体験の"フラッシュバック"であったり、何となく気に入らない、イライラする、自分の思う通りにならない、感覚過敏（暑い、においなど）があるなど、教師もその原因が分からない場合がありますから、状況を詳細に把握することが重要です。

32 不適切行動

不適切なこだわり行動がある

こだわりのある行動を止めさせようとすると、怒り出してしまいます。不適切な行動なので止めさせたいのですが、なかなか止まりません。

指導のポイント

☑ こだわり行動を客観視
☑ 非社会的、反社会的なこだわり行動に絞って優先的に対応

指導方法

ステップ1 こだわり行動を封印

☞ こだわりを完全に消去するための「封印法」を活用します。

①こだわり行動を、教師と一緒にリストアップします。このとき、止めさせたいこだわり行動とその他の興味・関心のある好きな行動も一緒にリストアップします。
②カード1枚に、リストアップした行動1種類を書かせます。
③「○安全」「△場所と時間を決める」「×危険」と書いた、3つの蓋つきケースに、先生と一緒にカードを分類させます。
④止めさせたい行動カードを見せながら「×危険」のケースに入れさせ、蓋を閉め、ガムテープで貼ったり鍵を掛けたりさせます。
⑤「○安全」のケースに分類された行動カードを確認させます。

準備物

【行動カード】

【分類ケース】

○安全　　△場所・時間　　×危険

33 不適切行動

イライラすると暴れてしまう

自分の思い通りにならないことがあると、泣いたり、暴れたり、人を叩くことがあります。アトピー性皮膚炎で体が痒い時や、空腹時に暴れることが多いようです。

指導のポイント

- ☑ 気持ちを切り替える
- ☑ 自分の意思が通るという誤学習の可能性
- ☑ 暴れる、叩く以外の適切なコミュニケーションの取り方

指導方法

ステップ1　気持を切り替え

☞ 本人の顔を軽く教師がタッピングします。本人の目を見て、呼吸に合わせて、手のひらを頬に軽く当てて「大丈夫。大丈夫。」と言いながら軽くトントンと叩きます。その際に、本人が普段よく話すフレーズを口ずさんでも構いません。落ち着いてきたら、ゆっくりと撫でて、顔全体をマッサージします。顔の皮膚は薄いため、触れられることで刺激が直接伝わり、気持ちを素早く落ち着かせることができます。顔以外にも、頭皮、手のひらのタッピングや指圧マッサージも効果があり、本人の嫌な気持ちを切り替えさせることができます。

マッサージの様子

ステップ1　適切なコミュニケーション

☞ 本人をよく観察します。暴れる原因を特定し、暴れる前に本人がその気持ちを教師に伝える手立てを用意します。絵カードや、教師の肩や手の甲を軽く「トントン」と叩いて、自分の意思を伝える練習などを行います。気持ちをうまく伝えることができたら、教師のマッサージをご褒美として活用します。繰り返すことで少しずつ、適切なコミュニケーションの取り方を指導していきます。

ステップ2　抱きしめ効果

☞ イライラしてパニックがどうしても収まらない時は前や後ろから優しくハグします。
☞ 力を入れて抱きしめると落ち着きます。異性ではセクハラになってしまいますが、本人と信頼関係のある教師が行うと効果を発揮します。

34 不適切行動

マスクを外してクシャミをしてしまう

マスクをしていても、クシャミがしたくなった時には必ずマスクを外してしまいます。また、人に向かってもくしゃみをしてしまいます。特に、調理学習などは、唾が食べ物の中に入ってしまうので困ります。

指導のポイント

- ☑ 「クシャミをする時のルールは、マスクをしたままであること」を確認
- ☑ 人に向かってクシャミをしないように、体の向きを変えることを練習

指導方法

ステップ1 マスクを外さないルールを徹底

☞ まずは、「クシャミがしたくなった時には、マスクを外してはいけません。マスクをしたままクシャミをすることがルールです。」と伝えます。

ステップ1 マスクをしたままクシャミをする練習

☞ 教師は、「Aさんは、クシャミがしたくなりました。その時は、マスクをしたままハクションしましょう。」と言い、その後、本人には「ハクション」のみを言わせます。同じことを3回繰り返します。

ステップ1 身体の向きを変えてクシャミを練習

☞ 教師は2人組で指導します。一人の教師は本人と向き合って立ちます。もう一人の教師は、「クシャミがしたくなったら？」と言いながら、本人の身体の向きを後ろに向かせます。「誰も、何もないところですね。」と本人と確認後、「マスクをしたまま…ハクション。はい。」と言い、本人は「ハクション。」と言います。3回、同じことを繰り返します。「くしゃみがしたくなったら？」の声掛けだけで、身体の向きを変えて「ハクション。」と言えたら、練習は終了です。

ステップ1 称賛と確認

☞ マスクをしたまま、誰もいない方向を向いて、本物のクシャミをすることができた時には思い切り称賛をします。その後、「クシャミをする時にはどうしたらいいですか？」と質問をして本人に答えさせることで、更なる定着を図ります。

35 不適切行動

授業中に「あっ」「うん」等のチック症状が見られる

　授業中チック症状で「あっ」「うん」と声を出す子供がいます。突然、声を出すこともあり、それがテスト中や集中して学習している時にも出ます。他の子供たちは、できるだけ気にしないようにしていますが、それでも気になって仕方がありません。

指導のポイント
- ☑ 本人の意識とルールの確認
- ☑ 生活指導と薬物治療を実施

指導方法

ステップ1　チック症の正しい知識

☞チック症は、「運動チック」と「音声チック」に分かれます。運動チックは、まばたきを繰り返す、目を動かす、顔をしかめる、首を振るなど首から上の動作が多く出ますが、手足の動き、ジャンプ、スキップなどもあります。一方、音声チックは、咳払い、「あっ」「うん」など言葉を繰り返し発声します。一見すると"癖"ではないかと思われます。慢性化している場合には、「トゥレット症候群」と呼ばれます。気になる時は、保護者に伝えて病院の受診を勧めるようにします。

☞チック症状は、気楽に本を読んでいたりテレビを見ている時、不安感やイライラが強い時に出現し、何かに集中していたり、教師や医師の前では出現が少なくなります。

☞チック症状は、いずれ自然と改善することが多いので、あまり神経質にならないことが大切です。症状に理解を示し、注意したりせずに受け入れることが重要です。

ステップ1　本人の意識

☞チック症状は、本人がコントロールできないものではなく、止めようと思った時には一時的に止めることができるといわれています。意識させるのも方法です。

ステップ1　ルールの確認

☞本人と教室内での学習ルールを確認します。例えば、他の子供に迷惑となっている時には、一時的にトイレや保健室へ行く、マスクをする、別室で学習する等です。

ステップ3　生活指導と薬物治療で軽減

☞チック症の治療は、生活指導と薬物治療が中心です。本人の不安感を取り除く、怒ったり注意したりしない、運動して衝動を発散させる、何かに熱中させることをします。薬物治療では、向精神薬（ハロペリドールなど）を使用することが多いですが、眠気やふらつきなどの副作用にも注意します。

36 コミュニケーション

意味理解ができず場の雰囲気を読めない

友達同士の会話の中で、ある子供が話の内容を理解できずに仲間外れになったり、冗談を真に受けて本気になったりします。"心の理論"が分からないようです。

指導のポイント

- ☑ 単純明快に答えや言い方を説明
- ☑ ソーシャルスキルトレーニングを実施

指導方法

ステップ1　"心の理論"の理解

☞ "心の理論"とは、他人の信念や欲求といった心の状態を推測し、他人の行動を理解したり予測したりするために用いる認知能力のことです。自閉気質の子供は、この「心の理論」を獲得できない状態にあります。例えば、普段の会話の中で以下のように、「10分前」や「かわいくない」の言葉をそのまま受け止めてしまい、場にそぐわない言動をしてしまうことがあります。また、自閉気質の入力モダリティとして、「マジ」の言葉は"イントネーションがなく一本調子"で同じように聞こえるので、「疑惑・驚愕・納得」の区別がつかないこともあります。

お母さんと息子の会話「時刻の前と後ろ」	友達同士の会話「かわいくない」
母親：「午前中、スーパーに買い物に行くわよ。9時10分前までに着替えなさい。分かった？」 本人：「うん、分かったよ。9時10分だよね。」 母親：「何言ってんの。違うでしょ。8時50分でしょ。10分前と言ったでしょ。」 本人：「えっ。10分前だよね。前は進めだから9時10分じゃない？」 母親：「何回言ったら分かるの。前というのは後ろのことでしょ。分かった!?」 本人：「…？？？（前は後ろなのかな？）」 母親：「何なの？」 本人：「お母さん、よく分からないから、ちゃんと分かるように教えてよ。」	本人：「お母さん。今日ね、友達と会話していたんだけど、私、よく分からなかったから教えて。」 本人：「あのね。会話の途中で先輩が通りすがったの。その時、Aちゃんが『あの先輩、かわいくない？』って言ったの。Bちゃんも『美人だよね。すっげえ、かわいい。』と言ったんだけど、私は、かわいくないから、ブスだと思って『えっ、そうでもないけど。』と言ったの。そうしたら、Cちゃんは『それほどかわいくないと思うんだ。』と言ったの。かわいくないのだから、否定的な意味だよねえ？お母さん、分かるように教えてよ。」 母親：「えーと、…。」

☞ "時刻の前と後ろ"の指導では、長針短針を示して細かな説明をすればするほど、混乱し、飽きて聞いていません。そこで、単純明快に「9時10分前は、8時50分」と説明します。また、"かわいくない"の指導では、「すぐには答えないで友達の様子をうかがいながら、自分の考えが友達の考えと違っていても、皆と同じように答えるとよい」と説明します。

☞ "マジ"は、イントネーションの違いが分からないので、相手の表情を読んだり、場面の状況理解を絵カードやロールプレイなどで練習する必要があります。これは一般に、"ソーシャルスキルトレーニング（SST）"と呼ばれています。

「マジ」のイントネーションの違い		
疑惑	D君「この間、大谷翔平選手を見てきたよ。」	G君「それマジ？」
驚愕	E君「この間、乃木坂46の白石麻衣ちゃんと握手したよ。」	G君「それマジ！」
納得	F君「この間、東北に行って復興の手伝いをしてきたよ。」	G君「それマジ。」

ステップ2　ソーシャルスキルトレーニング（SST）の実施

☞ SSTとは、人が社会の中で他の人と関わりながら生きていくために欠かせないスキルを身に付ける訓練のことです。SSTの内容については、①ゲーム（ルールの遵守、勝敗の受け入れ、仲間との相談や協力など）、②ディスカッションやディベート（相手の意見を聞く、自分の意見を述べるなど）、③ロールプレイ（場面での適切な振る舞いなど）、④共同行動（他の人との相談、役割分担、助け合いなど）、⑤ワークシート、絵カード、ソーシャルストーリー（場面認知、状況判断など）があります。

☞ 担任や個別指導担当者が簡単に実施できるSSTとしては、「絵カード」を使った場面認知、状況判断、感情理解などがあります。SST絵カードは、市販されていますのでそれを活用します。例えば、課題となっているSSTの内容の中から項目(場面)を選択します。最初にSST絵カードの全体を見せ、次に、場面に登場する子供たちが「どのように話しているか」を想像して付箋紙にその言葉を記述させます。その子供が場にふさわしくない言葉を使っているとなれば、何度かやり直させます。また、登場人物の顔を推測したり、感情語を選択させる方法もあります。

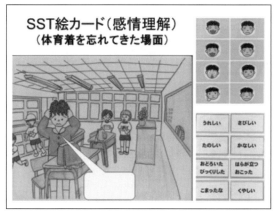

SST絵カード（自作）

37　コミュニケーション

場面緘黙があり学校で誰とも話さない

　学級の中に場面緘黙の子供がいます。家庭では、家族と普通に会話しているようですが、学級の中では、誰とも話しません。これまで、本人の声を聞いたことがありません。

指導のポイント

- ☑ 何らかの意思表示（首を下げる、手を挙げる）を要求
- ☑ 筆談したり作文を書いて意思表示
- ☑ 保護者、担任、級友の意識改革

指導方法

ステップ1　首を横に振って意思表示

☞ 担任が場面緘黙の子供に質問すると、本人が何も言わず固まったり、動かなかったりします。このような状況が続くとますます学習が進展せず困難になりますから、何かしらの意思表示を要求します。

☞ 例えば、本人の意思表示の中で、挙手をさせる方法の他に、"首を下げる（うなずく）"行為がありますが、これはあまり効果的ではありません。なぜかというと、担任の質問通りに「はい」と受け止めるので、本人は考えようともしないからです。そこで、担任は逆の質問をして、本人が"首を横に振る（違う）"ような行為をさせます。そうすることで、自分の意思を明確に示すことにもつながります。

ステップ1　筆談で意思表示

☞ 本人の意思表示を"筆談"という形で表します。これは、明確な自分の考えです。例えば、聴覚障害者が上手に言葉を話せないので、"筆談"するのと同じです。聴覚障害者への接し方と同じように捉えれば、指導に余裕ができるはずです。

ステップ1　作文や日記を書いて意思表示

☞ 学校で全く話さないので、担任や周りの子供たちは本人がどのような考えであるのかを分かりません。そこで、毎日、数行程度作文や日記を書かせて提出させます。そうすることで、本人の考えが分かるとともに、意思表示にもなります。

ステップ2　保護者の意識改革

☞ 場面緘黙の子供の保護者は、家庭で普通に話すので、あまり危機感がありません。授業参観等で学校の実態を把握していただき、専門機関に相談し指導を受けるように勧めます。保護者の意識を変えることから始めます。

ステップ2　担任・級友の「話さない」というレッテル排除

☞本人が学校で全く話さないので、担任や級友は「話さない子」というレッテルを貼って見てしまいます。そこで、保護者の協力を得て、本人が家庭で普通に話している場面をビデオで撮り、それを学校で担任や級友が見ます。これにより、「話さない子」から「話す子」へと意識改革していきます。これによって、級友の接し方が見違えるように変化します。

ステップ3　専門家とことばの教室担当者との連携による指導

☞場面緘黙が改善した事例を紹介します。この事例は、ことばの教室担当者が介入して取り組んだものです。大まかな指導内容は以下の通りです。

【場面緘黙が改善した指導内容の例】

①最初に、言語の専門機関や大学研究室等の指導教室に通い、<u>専門の指導者</u>と話せるように指導を受けます。

②次に、本人が指導教室で話せるようになったら、学校のことばの教室担当者は、指導教室で本人が話している場面をマジックミラーで観察します。

③数回観察した後、指導教室で「しりとりゲーム」をしている時に、<u>ことばの教室担当者</u>は、何気なくその場に入り、一緒に「しりとりゲーム」をします。自然に<u>ことばの教室担当者</u>とも話せるように仕組みます。

④指導教室で本人とことばの教室担当者が話せるようになったら、学校の「ことばの教室」に通級します。そこで<u>ことばの教室担当者</u>と話す練習をします。

⑤その後、<u>担任</u>は、ことばの教室で本人が話している場面をマジックミラーで観察します。

⑥ことばの教室で「しりとりゲーム」をしている時に、<u>担任</u>は、何気なくその場に入り、一緒に「しりとりゲーム」をします。自然に担任とも話せるように仕組みます。

⑦言葉の教室で本人と<u>担任</u>が話せるようになったら、本人の教室で「言葉の教室で話している様子のビデオ」を級友に見せて、話せるようになったことを紹介します。

⑧担任は、級友に対して無理のない程度で本人に話しかけるように勧めます。

☞改善するきっかけは、本人が家族以外の特定の人と話すことができることです。

☞ゲームをする場合には、「話さなければならない場面」と「怖がったり、ビックリして思わず声をあげる状況」を意図的に入れることです。例えば、「しりとりゲーム」は、声を出さないとゲームが成立しません。また、「黒ひげゲーム」では、剣が刺さると上に飛び出して本人がビックリして、思わず声を出します。

☞本人がほんの少しでも声が出るようになったら、メガホンを使って、少しずつ声を大きくしていくようにさせます。

☞特定の人と話すことができるようになったら、話せる人を増やしていきます。それには、ゲームの途中で何気なくその場に入り一緒にゲームをすることが効果的です。

☞級友は、本人が話している場面をビデオで見ることで、「普通に話す子」であるとイメージチェンジします。ビデオ撮影と放映については、本人・保護者の許可を得ておきます。

メガホン（本人と指導者２人用）

38 コミュニケーション

構音障害があり学級の中で上手に話せない

通常の学級の中に、構音障害があるため「ことばの教室」に通級している子供がいます。普段の会話や国語の音読などで発音が不明瞭です。

指導のポイント

- ☑ 理解者・応援団としての声掛け
- ☑ 現在の言語状況を把握
- ☑ 通級指導教室（ことばの教室）担当者との連携

指導方法

ステップ1　自己肯定感を保ち、自分に自信を持たせる

☞音が正しく出せないことに対しての単純な物言いや厳しい言い方はしません。「今のＡさん」でよいけれども、「音が出せるように頑張っているＡさん」も応援することをしっかり伝えます。「話すことが好き」「発表に意欲的」を目指します。

ステップ1　言語環境の実態把握

☞話すことへのストレス度合いや、現在練習しているターゲット音の出具合（授業中、休み時間、１対応１）をさりげなく確かめます。また、遊びながら、その中での発語、発話や運動発達の得意、不得意についても観察します。もちろん、本人の学習状況、生活面等でのよさや課題も書き出します。

☞本人が、発音が不明瞭なことや通級していることについてどう感じているかを自然な形で聞き、対応の改善点があるか、自己理解をどう進めていくかを探ります。

☞言葉の不明瞭さから、友達関係やコミュニケーション、学習の遅れについても探ります。もし、発達障害の疑い（読み書き障害、自閉スペクトラム症）などが見受けられれば、ことばの教室担当者や特別支援教育コーディネーターと相談しながら、本人・保護者に個別の知能検査（WISC-Ⅳ、KABC-Ⅱ等）を勧め見極めていきます。

ステップ1　あたたかい学級づくり

☞学級の中で、「みんな一人一人違っていてよいこと」「頑張っている人を応援すること」等の意識を浸透させ、あたたかな学級づくりを目指していきます。

☞本人が授業中に抜け出して、ことばの教室へ行く時には、学級があたたかく送り出すよう声掛けします。時には、ノートや記録表に勇気づけのコメントを書いたりするのもよいでしょう。

☞ことばの教室に通級している時間は、学習空白になります。そこで、学習空白の内容については、本人・保護者と相談しながら補充します。

ステップ1 ことばの教室担当者と双方向の連携

☞本人の実態をことばの教室担当者と伝え合い、本人の今置かれている言語状況を共通理解します。そして、「個別の教育支援計画」や「個別の指導計画」を協力して作成し、ことばの教室での指導（練習）が通常の学級での学習や生活につながるようにします。

☞管理職の理解を得て、通常の学級担任がことばの教室に出向いて授業参観（VTR可）をする、一方、ことばの教室担当者も通常の学級に出向いて授業参観するなど、双方における本人の言語環境や「がんばり」について共有します。

☞学校内にことばの教室がない場合には、"校外通級"することになります。この場合の連携は、とても難しい状況にあります。ほとんど、"お任せ"状況にあるかもしれません。そこで、「個別の教育支援計画」や「個別の指導計画」の内容や「通級指導教室記録簿」などで確認する、電話連絡をするなどして連携を少しでも深めていきます。

ステップ2 教科学習等での支援のポイント

☞国語や算数、音楽等の授業の中で、音の不明瞭や置換、歪みが目立つ場合は、ことばの教室担当者と相談し、どう対応するかを決めます。音の改善具合でも学級担任の対応は異なってきます。そこで、ことばの教室担当者に、"支援のポイント"を教えていただくことです。はじめは、担任がさりげなく正しい音や言葉の見本を見せたり、ストレス度合いが高ければ複数で音読させたりします。担任が本人と自然なコミュニケーションを取っていれば、周囲は過剰な反応はしなくなるでしょう。

ステップ2 1対1の場面で、さりげない確認

☞ことばの教室で安定して正しい音を出せるようになったら、担任と1対1の場面で発音させます。その後、授業の中でもその音が正しく出せるかを試してみます。あくまでもさりげなく、本人にストレスを与えない程度にします。正しい音が出たら、みんなの前で褒めます。学級の友達にも頑張りや改善を祝ってもらえることで、自信もつきます。

☞もし、ことばの教室での指導により、授業を受けなかった学習の補充を放課後等に1対1でできるのであれば、その場は確認のチャンスと捉えます。ことばの教室での練習内容や楽しかったことを本人から聞き出しながら、どれくらい発音が改善しているかを確認したり、友達とのコミュニケーションの中で困っていること、言い出せないこと、傷ついていること等を、さりげなく探るようにします。

39 コミュニケーション

吃音の子供に指名しても話さない

学級の中に吃音の子供がいます。本人は、学級の中で極端に話すのを嫌がります。授業中、本人を指名すると何も言わずに固まってしまうこともあります。

指導のポイント
- ☑ 吃音があっても気にしない雰囲気づくり
- ☑ 単純な答え（はい、いいえ）だけを要求
- ☑ 本人と教師との間で、「ブロックサイン」を使用

指導方法

ステップ1　話しやすい雰囲気
☞高学年や中学生になると、吃音を隠したり、恥ずかしがって話さない傾向がますます強くなります。本人の困難性を周りの子供が認めてあげることが重要です。一方、本人が話すまで「ずっと待つ」というのは、かえって本人を苦しめます。すぐに別の人を指名するなど、受け流すことも必要です。

ステップ1　単純な答えを要求
☞本人が言いやすいように、「はい」「いいえ」など、単純な答えを要求します。本人は、あまり緊張せずに答えられるかもしれません。

ステップ2　ブロックサインの使用
☞事前に本人と面談して、授業中でのブロックサインを決めます。例えば、教師が本人の顔を見ながら、"鼻に触る"動作をすると、「あなたを当てますよ」「発表できますか？」といった意味になります。教師からのブロックサインに対して、本人が同じく"鼻に触る"動作すれば、「当ててください」「発表できます」といった意味となります。もし、"耳を触る""口に手を当てる"など、別の動作をすれば、「当てないでほしい」「発表できません」と拒否する意味となります。
☞ブロックサインは、本人と教師の間での取り決めですから、周りの子供たちには分からないようにします。ブロックサインを時々替えるのもよいでしょう。

ステップ3　専門家による指導
☞吃音の改善方法は、本人の実態によって異なります。吃音を直す方法は、①話し方を根本から作り直す、②精神的アプローチで自分を変えていく、③薬（抗不安剤）の服用などがあります。いずれにしても、専門家の指導を受けることが重要です。

40　休憩時間

友達とのケンカが絶えない

　休み時間になると、いつも友達とトラブルになりケンカをします。毎回、同じ子供とケンカする場合あります。その都度、本人に注意するのですが、またケンカします。何度注意しても一向に効き目がありません。

指導のポイント

- ☑ ケンカの事後に注意するのではなく事前に注意
- ☑ 休み時間に本人が誰と何をして遊ぶかを確認

指導方法

ステップ1　引き合う相手の把握

☞ トラブルになる相手は、おおよそ決まっています。休み時間の前に、誰と何をして遊ぶのかを聞き出して、相手にも指導（注意）をします。

ステップ2　事前指導

☞ ケンカが起こってからの指導（注意）は、その場だけの効果がありますが、時間が経つと、またトラブルが発生してケンカとなります。トラブルを予測して、休み時間になったら、遊ぶ前に本人、あるいはトラブルになりそうな相手を呼んで、事前に指導（注意）します。

☞ 事前指導をしたら、できたか否かを確認して評価をします。守れなかった場合には、ペナルティ（教育的指導）を入れます。「指導－評価」の一体化です。

☞ ケンカを事前に防止するには、以下のような指導方法があります。

①午前中の中間休み時間になったら、本人あるいは引き合う友達を呼び、「ケンカしないで遊びなさいよ。」と事前に注意をします。（必要な場合には、トラブルになる相手も呼んで事前に注意します。）
②午前中の中間休み時間が終わったら、本人に「どうだった？　仲良く遊んだ？」と質問して、ケンカの確認をします。
③ケンカした場合には、「あっ、そうなの？」と受け流します。
　（ケンカしなかった場合には、「よく守ったね。偉いね。」と褒めます。）
④給食後の休み時間になったら、再度、本人を呼び、「くれぐれもケンカしないで遊びなさいよ。」と、事前に注意します。
⑤給食後の休み時間が終わったら、本人に「どうだった？　仲良く遊んだ？」と質問して確認をします。（ケンカしなかった場合には、「よく守ったね。偉いね。」と褒めます。）
⑥下校時間になったら、ペナルティを入れます。再度、本人を呼び「今日は、A君とケンカしたよね。先生の注意を守れなかったので、ペナルティを入れるからね。先生と一緒に3分間目をつぶって心を落ち着かせてから帰りましょう。」と言い、約束を破るとペナルティがあることを理解させます。

ステップ2　事前に"人と物"を規定

☞ 休み時間に、遊ぶ人（外向的な気質と内向的な気質の組み合わせ）と遊ぶ物（縄とび、ボールなど）を決めます。

41 休憩時間

トラブルの原因を友達のせいにする

トラブルを起こして指導をすると、「だって、あいつが○○したから。」と言って全て友達のせいにします。本人の足りなかったところや友達との思いの違いについて指導しますが、本人はできなかった理由を全て友達のせいにします。

指導のポイント

- ☑ 落ち着かせてから気持ちを受け止める
- ☑ 他者の視点を入れて自分の足りなさを視覚的に気づかせる
- ☑ 同じことが起きた時の対処法を知る（トラブルの原因が自分に何％あるのか教師と振り返る）

指導方法

ステップ1 本人の取り組みの確認と承認

☞ 興奮している場合には、まず始めに、落ち着かせましょう。次に、落ち着いた状態になった後で、トラブル前に本人が取り組んでいたことやトラブル後の気持ちを受け止めましょう。

ステップ2 視覚的に他者の視点を入れて考える

☞ 他者の視点で考えることが苦手な傾向があります。そこで、マインドマップを作成して視覚的に行動と気持ちの関連性を整理します。状況を視覚的に俯瞰させ、捉えさせることが重要です。そして、次回同じような状況になった時に、どのように行動するのかを考えさせます。教師との振り返りによって自分の足りなかったところに目を向け、正しい行動を考えさせます。

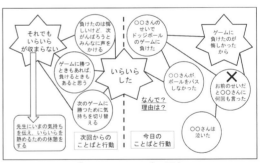
「マインドマップの図」

ステップ2 「いらいらメーター」「トラブル原因メーター」で確認

☞ 気持ちの安定をさらに図る時に現在の気持ちを「いらいらメーター」で自己評価させましょう。その次に、トラブル原因メーターを使い、トラブルの原因は自分に何％あるのか教師と振り返りましょう。自分の顔を「いらいらメーター」のイラストと置き換えると、さらに効果があります。

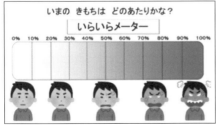
「いらいらメーター」

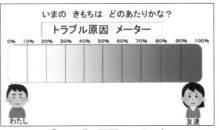
「トラブル原因メーター」

42 休憩時間

自分の非を認めて謝ることができない

友達とのトラブルがしばしば起こり、その都度指導をしています。しかしながら、いつも「僕は悪くない。」の一辺倒で、自分の非を認めて素直に謝ることができません。

指導のポイント

- ☑ 興奮している場合は、静かな場所でクールダウン
- ☑ 本人の思いや言い分を受け止める
- ☑ ルールを事前に確認し、トラブルを未然に予防

指導方法

ステップ1　心身ともにクールダウン

☞ 興奮してイライラした状態では、自分の非を認めることができません。できるだけ刺激を少なくしてクールダウンをさせ、心身ともに落ち着かせましょう。

ステップ1　本人の話に耳を傾ける

☞ まずは本人の話を聞くことが大切です。本人の気持ちを十分受け止めましょう。次に、友達がどのように思ったのか、その時の気持ちと行動について一つ一つ確認します。

ステップ2　相手のせいにしないルールの事前確認

☞ トラブル後、相手のせいにしないために以下のルールを休憩時間のはじめに確認します。

ルール1	自分の考えや思いが通らない場合があるかもしれないと思う。
ルール2	グループ内の話し合いの中で、多数決で決まったことには従う。
ルール3	納得いかない時、困った時、イライラし始めた時は、友達に直接言うのではなく、すぐに先生に伝え、イライラを収めるために休憩をする。
ルール4	もし友達とトラブルになった時は「ごめんなさい。」と謝る。

ステップ3　好きなキャラクターや人物の写真が謝ることを促す

☞ 本人の好きなキャラクター、俳優、権威のある人物などの写真に吹き出しを付けて、謝ることの大切さを学ばせます。そして、いつでも使えるようにカードにして道具箱に入れたり、ポケットに入れて携帯すると効果的です。さらに、家庭と連携し、拡大してポスターにします。家の中でいつでも目に入る場所に掲示しておくと、謝ることを常に意識することができます。

〇〇君、ごめんなさいと謝ることができる人はかっこいいよ。

43 休憩時間

友達の行動を規制して崩れるとパニックを起こす

休み時間など自由になると、友達の行動にもルールを決めてしまい、それが崩れると激しいパニックを起こし、他の友達までパニックにさせてしまいます。こだわりが強いので、なかなか改善できません。

指導のポイント

☑ 自由時間におけるルールの再確認
☑ 友達への規制ではなく本人への規制

指導方法

ステップ1 休み時間の過ごし方の確認

☞個別面談を設定して、以下のような発言の約束事を確認し、休み時間の過ごし方を確認させます。

> ①「自由時間は、本を読んだり絵を描いたり自由にしていいよ。でも、したいことがない時は、先生のお手伝いをしてね。」と言い、自由時間の過ごし方を確認させます。
> ②本人にしたい活動がなく、作業をさせる場合は「あなたはお仕事がよくできるね。」「助かる。」と褒めます。
> ③作業が終わったら、「ありがとう。」などと声を掛けます。

ステップ1 パニックへの対応

☞パニックになったら、本人を抱きかかえて、集団から離れていてかつ安全な場所（別室）へ移動し、落ち着くのを見守ります。
（＊パニックの止め方や押さえ方については、事例31［51頁］を参照）
☞想定外のパニックがあった場合は、直前に何があったか、要因は何かということを分析し、その要因となるターゲット（言葉、行動など）を使用しないようにします。

ステップ2 本人の休み時間を規制

☞何度か休み時間のルールを徹底しても改善されない場合には、その時間、本人に用事を頼む、本人に仕事（作業）をさせる、友達と別の部屋で遊ばせる等、本人の休み時間を規制します。
☞友達と一緒に遊びたい場合には、友達の行動を規制できないような遊びや活動（ビデオを見る）をさせます。

44 休憩時間

嫌な体験を思い出してフラッシュバックを起こす

子供が急に過去の嫌な体験（いじめ被害、怒られた、殴られた、バカにされた、不合理、納得できない等）を思い出して突然パニックになりました。急な出来事だったので、それを押さえさせることができません。

指導のポイント

- ☑ 本人が劣等感や嫌な体験（いじめられた、怒られた、殴られた、バカにされた、納得できない等）を把握
- ☑ 過去のフラッシュバックを消し去るような指導（消去法）の実施
- ☑ 引き金となる言葉（キーワード）を言わない、本人の嫌な場面を見せない

指導方法

ステップ1 パニックになった時の要因分析

☞ 常日頃からパニックになった時に、その10分位前から「言葉」「行動」「場面」「時間」「気温」「人」などを分析し、その要因となったものを明確にします。そして、それがフラッシュバックにつながらないようにします。

ステップ2 嫌な体験の消去

☞ 個別面談を設定して、以下のような過去の嫌な体験を消し去る"消去法"を実施します。

① 「先生に、これまで友達からされた嫌だった体験、例えば、いじめられたこととかバカにされたことなどを全部話してみて。」と言い、嫌な体験を話させます。
② 「そうか。たくさんあったんだね。」と言い、共感的な態度を示します。
③ 「今話したことを、この用紙に書いてみて。」と言い、文章に書かせます。
④ 「それでは、今書いたことを読んでみて。」と言い、文章を読ませます。
（書いた文章の事実確認をし、間違いは修正させます）
⑤ 「そうか。いろいろつらいことがあったんだね。」と言い、共感的な声を掛けます。
⑥ 「ここにシュレッダーがあるから、その用紙をシュレッダーに入れてごらん。」と言い、本人が用紙をシュレッダーに入れて粉々にします。
⑦ 用紙が粉々になっている時に、「先生は、あなたの気持ちを理解したからね。これまでのことは、もう忘れてしまいなさい。」と言い、嫌な体験を忘れさせます。

準備物

・シュレッダー機器、用紙

嫌な体験を書く

シュレッダーに用紙を入れる

45 休憩時間

休み時間にトイレに行きたがらない

 こだわりが強く、自分で排尿する場所（トイレ）が決まっているため、他のトイレに行って排尿することを拒否することがあります。膀胱炎も心配なので、トイレに行くよう促していますが、なかなか応じてくれません。

指導のポイント

- ☑ 定時排尿の繰り返し
- ☑ その場所（トイレ）に行きたくなる環境ときっかけづくり
- ☑ 家庭と同様なトイレ

指導方法

ステップ1　一日の排尿リズムや回数を記録

☞ 排尿が見られやすい時間帯や間隔などの傾向があるのかなどを、客観的に把握します。もし傾向が明らかになったら、定時排尿の計画や対策を立てます。

☞ 成功体験を積むことで、排尿の経験や抵抗感を軽減できるようにします。

日付	曜日	排尿があった時間													特記事項
		9:00	9:30	10:00	10:30	11:00	11:30	12:00	12:30	13:00	13:30	14:00	14:30	15:00	
〇／1	月	〇	〇〇			〇		〇		〇			〇		緊張があったためか、頻繁だった
〇／2	火		〇					〇							
〇／3	水	〇			〇			〇		〇					給食前に出る傾向がある

ステップ2　複数の場所（トイレ）使用の体験学習

☞ トイレに行くことが楽しくなるようなアイテムを利用するとともに、複数のトイレを利用する機会や体験を多くもてるようにします。例えば、好きなキャラクターのパズルや型はめ、マッチング課題など、その場所（トイレ）に行かないと完成しないものを準備してもよいでしょう。

☞ 安心できるアイテムや、スイッチを押すと音の出るトイレ（水を流すと音楽が流れる）などのものを活用し、トイレでの活動が楽しい雰囲気でできるよう工夫します。

ステップ3　家庭のトイレと同様に作り替える

☞ 子供の中には、トイレのにおい、トイレの形状が合わない等で敏感に反応する場合があります。家庭と同じ消臭剤を使用する、できる範囲で家庭のトイレと同じように作り替えることなどをします。

46 休憩時間

プライドが高く自分の博識を主張してしまう

プライドが高い子供が、対人関係でトラブルになっても自分に非があるのに素直に認めず、教師の指導・助言を聞き入れようとしません。また、自分の博識を広め、教師を見下すような言動が見られます。

指導のポイント

☑ プライドを傷つけないで弱点を理論的に説明
☑ 法律や規則を提示

指導方法

ステップ1　オウム返しで理不尽さに気づかせる

☞本人の言い分をオウム返しすることで、本人が自分の言い分の理不尽さに気づくようにします。「なるほど！A君は○○って考えたんだね。そうか。それでどうしたの？」というように、本人を受け入れプライドを傷つけないようにして話を聞くようにします。

ステップ1　相手に改善してもらいたい点を指摘

☞相手の非を責める傾向が高く、自分の非にはなかなか気づけません。相手のことについての不満を出させてから、自分自身の改善点について考えさせるため、最初に相手に改善してもらいたいことに対するアドバイスを考えさせます。（「Bさんには、ここをこう直してもらうために〜したほうがいいよ、とアドバイスをします。」）
※あくまでも本人の不満を解消するために、考えさせるだけです。相手には伝えません。

ステップ2　法律や規則、ルールを示す

☞博識な子供は、教師よりも自分の考えに絶対の自信をもっています。そこで教師は、その本人のプライドを傷つけないようにして、それを打ち砕くだけの内容を本人に示す必要があります。それには、本人に「法律には〜と書いてあるよ。」「生徒手帳の中に〜と書いてあるよ。」など、具体的な文書を見せることで納得させます。

ステップ2　プライドを傷つけないで弱点を指摘

☞博識な子供の中には、教師よりも自分のほうが何でも知っていると思って、教師をバカにする時もあります。本人が質問してきても、教師はカッとなってはいけません。冷静になりましょう。このような場合には、本人のプライドを傷つけないようにしながら「すごいね！」「天才！」と褒めます。その後で、本人の知らない内容を質問して弱点を指摘します。

【自分の博識を主張する子供への弱点を指摘する方法の例】

子供：「C先生、宇宙の誕生は知っていますか？」
教師：「よく、分かんないなあ。」
子供：「C先生、そんなことも知らないの？よく先生やってられるよね。」
子供：「宇宙の誕生は、今から138億年前にビッグバンで……なんです。」
教師：「A君、すごいね。物理の天才じゃないの？」
子供：「そうかなあ。別に普通だと思うけど。」
教師：「先生はね、星座に興味があるんだ。星座には、オリオン座やカシオペア座があることを知っているけど、ほかにどんな種類があるのかなあ？」
子供：「先生、あのですね、たぶん先生が知っているのは、誕生日の12星座ぐらいですよね。実は、星座は国際天文学連合で88と決められています。例えば、りょうけん座、りゅうこつ座…などがあります。先生、そんなの知らないでしょう？」
教師：「A君は、何でも知っているんだね。やはり、天才だ！ 将来、研究者にでもなるんじゃないの？」
子供：「そうでもないけど…。」
教師：「ところで、A君、AKB48って知っているよね？」
子供：「まあ、聞いたことがあるけど…。」
教師：「メンバーは、だれがいるの？」
子供：「よく、分からないですが…。」
教師：「え、何でも知っているA君にしては珍しいね。A君なら、当然知っていると思ったけど…。」
教師：「知らないのかあ。男子生徒はみんな知っているよ。今度調べてきて先生に教えてよ。48人いるはずだよ。ちなみに、先生は、指原莉乃ちゃんのファンだよ。」
子供：「そうなんですか。」
教師：「48人言えたらすごいよね。楽しみにしているからね。」
子供：「頑張って覚えてきます。」

＜後日＞
子供：「先生、AKB48を調べてきました。ついでにSKE48、NMB48、HKT48なども調べてきました。AKB48は、日本の女性アイドルグループで、秋元康のプロデュースにより、2005年12月8日に東京の秋葉原を拠点として活動を開始しました。運営会社および所属事務所はAKSで…。」（詳細な説明が続く）
教師：「Aくーーーーん。すごいねえ！」
子供：「そうでもないですけど。」
子供：「先生。今度は、ジャニーズ事務所を調べてきますか？」
教師：「そうだねえ。亡くなられた、ジャニー喜多川社長のことも詳しく調べてきてよ。」
子供：「はい。分かりました。」

47　自傷・他傷

リストカットして自身を傷つけてしまう

　子供の腕にリストカットした痕を見つけましたが、刺激してはいけないと思い見守っていました。時折本人に話し掛けてみると、特に悩みはないと言いますが、リストカットの痕は増えていました。

指導のポイント

- ☑ リストカットに代わる「置き換え行為」を教える
- ☑ 定期的なカウンセリングや病院の受診
- ☑ リストカットしたら連絡

指導方法

ステップ1　記録で原因追求

☞リストカットによってつらいことを忘れ、記憶に残さないということもあるため、本人もリストカットの原因が分からないことが多いようです。そこで、誰と一緒にいて、何をしていた時にリストカットをしたくなったのか、リストカットをした後はどんな気持ちになったのかを本人からの聞き取りによる記録、または本人自身が記録を付け、原因を探ります。

ステップ1　自傷行為の置き換え

☞リストカットをしたくなった時の置き換え行為を子供と一緒に考えます。

> ＜置き換え行為例＞
> ・手首に輪ゴムをはめ、パチンとはじく
> ・嫌なことを紙に書いて、破く
> ・サンドバックを叩く（クッションや枕など傷つけてもよい対象を別に作る）
> ・大声で叫ぶ
> ・氷を握りしめる
> ・腕を赤くペンで塗る（血を見ることがほっとする場合）
> ・運動する、音楽を聴く、絵を描くなど好きなことをする

ステップ2　定期的なカウンセリングや病院の受診

☞リストカットを止めさせるという目的のためのカウンセリングや病院の受診ではなく、気持ちを誰かに聞いてもらう機会を確保することで、気持ちが落ち着くことを知らせます。カウンセリング場面では、叱ったり、悲しげにしたり、不機嫌になったりせずに、話を聞くことが大切です。

☞リストカットが激しくなり、大量に血が出てきた時には、先生に連絡することを本人に約束させます。

48 自傷・他傷

自分の服や腕を噛んだり頭を叩いたりしてしまう

　学校生活の中で自傷行為があります。具体的には、イライラすると急に自分の腕を噛んだり服の一部を噛みます。そのため、腕に噛み跡がついたり、服に穴があいてボロボロになってしまいます。自分で何度も頭を叩いて泣き出してしまうこともあります。

指導のポイント

- ☑ 事前に止める
- ☑ 言葉で伝える表現方法を学ぶ
- ☑ 様々な感覚刺激を用意して経験

指導方法

ステップ1　事前に止める

☞ どのような状況で起きるのか、その背景と原因を分析します。自分の思いが伝わらない等のストレスから、結果的に自傷行為をしている場合もあります。気持ちの伝え方が分からないのか（未学習）、伝え方として身に付いてしまっているのか（誤学習）を見極めて指導します。

☞ 自傷行為が起こりそうな状況では、そばに大人がつくようにします。手が出る時は事前に止めるようにし、自傷行為をすることで気持ちが伝わることがないようにします。

ステップ1　言葉で伝える表現方法を学ぶ

☞ 「○○だったんだね。」「○○したかったんだね。」等と言葉を添えながら、言葉で気持ちが共有できること、気持ちが伝えられる経験を積み重ねられるようにします。言葉やカード等で自分の気持ちを伝えられることを学ぶことで、自傷行為が減少していくことが考えられます。

ステップ1　様々な感覚刺激を用意

☞ 手で触る（触覚）、ジャンプする、回転する等、様々な身体の感覚を活用できるような素材や遊具を学習や遊びに積極的に取り入れるようにします。

☞ プレイルームや体育館等でのトランポリンやバランスボール遊び、校庭でのランニングやブランコ等、本人が気分転換したり、気持ちを発散できる環境を用意することで、イライラした時にはその場に行って過ごしてよいことを認めます。

49 自傷・他傷

すぐに手が出て暴力的な言葉を発してしまう

ペアやグループ等で協働的な学習を計画したいのですが、すぐに手が出て友達との喧嘩やトラブルが絶えないため、なかなか行えません。友達や親、教師に対する言葉遣いも、すぐに暴力的な表現になってしまいます。暴言や暴力をしないように言い聞かせても改善がみられません。

指導のポイント

- ☑ 言葉で気持ちを表現する方法
- ☑ 言葉で伝えることの成功体験の積み重ね
- ☑ 自分で感情をコントロールする対処法

指導方法

ステップ1　言葉で気持ちを表現する方法を学ぶ

☞暴力や暴言は、言いたいことがうまく言葉で表現できない結果起きている可能性があります。言いたいことを言葉で表現できるようにします。

> 暴言や暴力は社会的に許容されるものではないことを指導しながら、「悔しかった」「○○したかった」「嫌だった」「怒っている」「悲しかった」など、本人の気持ちを一緒に整理しながら、様々な気持ちがあること、その表現方法が学べるよう、教師が見本や手本を示しながら指導します。

ステップ1　言葉で伝えることの成功体験を積む

☞友達や教師に言葉で伝える、手紙に書く等の方法で、自分の気持ちが分かってもらえる体験を積むことで、暴言や暴力ではない表現でのかかわりが増えると考えられます。本人が言葉で伝えてきた時には、聞き手も十分に傾聴し、気持ちが受け止められた経験、本人が言葉で相手に伝わった実感がもてることを大切にします。

ステップ1　感情をコントロールする対処法を身に付ける

☞感情が高ぶった時にする行動を決めて、それを実行することを指導します。深呼吸する、ランニングする、地団駄を踏んで悔しがる、花に水をやる、トランポリンで跳ぶ等、本人がすぐ実行できる行動を提案します。行動により身体を動かすことで、感情をコントロールできる体験を積み重ねます。

50 自傷・他傷

特定の教師や友達をつねってしまう

子供が興奮してくると、教師や子供たちに向かって行き、腕や腿のあたりをつねります。時には、青あざが残るくらい強くつねってしまいます。止めようとしても、口頭で「つねっていけません。」と何度も注意していますが改善されません。

指導のポイント
- ☑ 特定の子供または教師をつねるのかの把握
- ☑ 受動的な言葉から能動的の言葉に換える

指導方法

ステップ1　つねる相手の特定

☞ 本人がつねる人を特定しているのか、不特定なのかを見極めます。特定している場合には、その人が「自分より格下である人」「抵抗なくつねりやすい人」「何かの言葉や態度が気に障る」「学習活動中の指導方法や指導内容」などがあります。要因を分析して、気に障る"キーワード"や"態度"があれば、できる限り言わないようにします。

☞ 教師がつねられる場合には、つねられないように長袖シャツを着て肌を見せないようにします。また、つねられる瞬間に後ろ向きになる、逃げるなどします。子供の場合には、本人と子供の間に入り、ブロックします。

☞ 例えば、図のように、授業別のつねる回数を調査したところ、「授業変更」や「作業学習」の時間が多くなりました。分析した結果、作業学習で製作する際に、教師が「時間内に大量生産するように！」と促した結果、イライラしてつねったことになりました。このため、①できる限り授業変更を少なくする、②変更は前日に告げる、③作業学習で追い込まない、などの予防策をしました。

授業別の「つねり」の回数（3か月累計）

ステップ2　受動から能動へ言葉掛けへの転換

☞ 「つねっていけません。」という言葉掛けは、本人にしてみれば受動（教師からの注意や威圧）の言葉として受け止め、それが何度も繰り返されると、意識が薄くなります。そこで、本人の自発的な能動の言葉として「つねりません。」に替えます。この方法では、T1（メイン教師）が「つねりません。」と発し、T2（サブ教師）が同じように「つねりません。」と繰り返し、そして、本人にも「つねりません。」と言わせるようにします。T2を活用して言葉を復唱させます。

☞ 「つねりません」という言葉は、つねらない時でも、日常的に教師が言います。何気なしに本人の近くに行き「つねりません。」と言います。

T1（メイン教師）	T2（サブ教師）	本人
○○君、つねっては、いけません。		もうしません。ごめんなさい。

→

T1（メイン教師）	T2（サブ教師）	本人
つねりません。	つねりません。	つねりません。

51 自傷・他傷

友達を叩いたり殴ったりして行動の善悪が分からない

興奮すると友達に対して叩いたり殴ったりする行動が見られます。時には、友達をケガさせてしまうこともあります。その都度注意をしているのですが、自分がとった行動の善悪がよく分かっていないようです。

指導のポイント

- ☑ 行動療法の実施
- ☑ 殴るものを指定する（サンドバック等）

指導方法

ステップ2 「行動療法」を実施

- ☞ 問題行動の対応の一つとして、「行動療法」があります。「行動療法」は、問題行動を誤った学習によるもの、あるいは、適切な学習がなされなかったものとみなし、条件付けなどの学習理論を用いて、不適切な学習の消去と適切な学習の獲得を目指す行動変容の技法です。
- ☞ 行動療法には、大別して4大モデル（新行動SR仲介理論モデル、応用行動分析モデル、社会学習理論モデル、認知行動療法モデル）があります。多種多様な技法があるので、適切な技法を選択して取り組むことが重要となります。

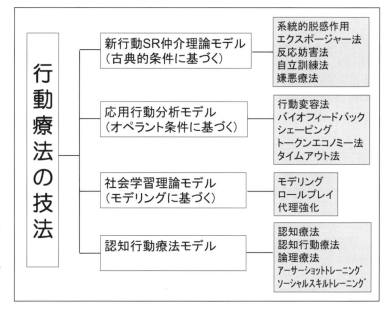

- ☞ ここでは、学校で活用できる行動療法として、「トークンエコノミー法」を活用した事例を紹介します。最初に、問題行動となっている標的行動（ターゲット）を全て洗い出します。次に、その標的行動に順位を付け点数化（最も悪い行動から－5点、－4点、－3点、－2点、－1点）します。そして、一日の中で一定のライン（合計点数）まで許しますが、そのラインを越えるとペナルティを入れます。毎日、その行動を表に記録しておき、標的行動を減少させていきます。この具体例を次頁に示します。また、その時の担任と本人との面談は、次頁の通りです。

【行動療法（問題行動の改善）の個別面談の例】（担任教師、A君）

教師：「これから、A君ができないことや課題になっていることを改善していくために、先生と話し合いをするね。そして、決まったことを、この紙に書いていきます。」
教師：「これまでA君は、学校や学級の中で、みんなを困らせたり、みんなと一緒にできなかったり、勝手な行動をしたことがないかな。よく思い出して、あったら先生に教えてください。なんでもいいよ。」

A君：「友達に意地悪をした。」「友達とケンカした。」「教室から出て行ってしまった。」
教師：「それでは、今、A君が言ったことを紙に書いてみます。」（次頁の表を参照）

＜何も言わなかった場合＞

教師：「思い出せないのかなあ。今日の算数の時間、計算プリントやりたくないと言って立ち歩いていたよね。授業時間だから、立ち歩くのはよくないよね。」
教師：「この紙の中に"授業中に立ち歩く"と書きます。」
教師：「きのう、B君とケンカしたことがあったよね。ケンカはよくないと思うよ。この紙に"ケンカをする"と書きます。」
教師：「この前、〇〇〇〇。」（悪い行動の項目を全部埋める。）（次頁の表を参照）

＜悪い行動の項目を全部埋めた後＞

教師：「A君、この表を見てごらん。いっぱい書いてあるね。これから一つずつ確認していくからね。」（問題行動を確認し本人に読ませる。）
教師：「A君、この中でみんなが困っている順に点数を付けてみようか。一番困るものを－5にして、少し困らないものを－1にしてみようか。一番困るものは何だと思う？」
A君：「友達とのケンカかな。」
教師：「それじゃ、これを－5にするよ。」「教室から出るのは、どのくらいかな？」
教師：「これは何点にする？」（全項目を点数化する。）

＜全項目を点数化した後＞

教師：「全部点数を付け終わったね。それでは確認します。」（点数を確認させる。）
教師：「A君、注意しても守れなかったらペナルティを入れようと思うけど、A君は、1日に何点許してほしいかなあ。」
A君：「…。」（何度か考えさせる。）
　　（本人が点数を答えた場合には、教師はその点数の半分の点数を提案するが、本人がおそらく納得しないので、最終的に子供と教師の中間点数で決める。例えば、子供が－20点で教師が－10点の場合は、中間の－15点となる。）

＜何も言わなかった場合＞

教師：「それでは、特にないようなので先生が決めます。先生は、A君に1日に－10点だけ許すことにします。しかし、－10点を超えてしまうと、ルールを守れなかったということで、ペナルティをあげます。」
教師：「A君、守れなかった時のペナルティは何にしますか。」
A君：「…。」（何度か考えさせる。）
　　（本人がペナルティを答えた場合には、教師は特に問題がなければそれに決める。）

教師：「それでは、特にないようなので先生が決めます。1点超えるごとに5分の居残り勉強にするよ。」
教師：「ここで決めたことは、校長先生、教頭先生、お父さん、お母さんにも伝えるからね。」
教師：「それでは、明日からこの約束を守ってね。頑張りましょう。」
A君：「はい。」

☞ 小学校高学年や中学校の子供の場合には、「標的行動（ターゲット）」を"悪い行動"だけではなく、"良い行動"を点数化（最も良い行動から＋5点、＋4点、＋3点、＋2点、＋1点）して、マイナス点とプラス点を相殺しながら実施すると効果的です。そして、その点数をグラフ化します。

行動療法（問題行動の改善）

	悪い行動の内容	ポイント	良い行動の内容	ポイント
1	友達への暴力、物の破壊	－5		
2	断りなく友達の物をとる	－5		
3	教室から出る	－5		
4	大声で怒鳴る、叫ぶ	－4		
5	宿題をしてこない	－4		
6	時間を守らない	－3		
7	当番や係活動をしない	－2		
8	掃除をしない	－2		
9	体育着に着替えない	－1		
10	いたずらをする	－1		

許す合計点　－10点

ペナルティ　放課後、居残り学習

サイン

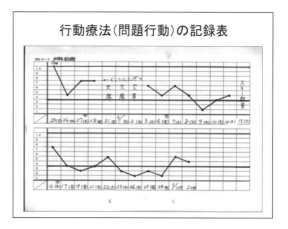

行動療法（問題行動）の記録表

ステップ2　クールダウン部屋でサンドバックを殴って発散

☞ 子供に、問題行動が起こった後に、「友達を殴ってはいけません。」と指導しても効き目がありません。そこで、"殴ってよいもの"と"殴ってはいけないもの"の両方を提示して区別して教えます。表などに整理して教えるのもよいでしょう（下表）。例えば、"殴ってよいもの"は、「サンドバック」「パンチングバック」などです。子供に禁止させるのではなく、"殴ってよいもの"を教えて発散させることが重要なのです。サンドバックなどを"クールダウン部屋"に保管しておき、毎日1回程度、「殴ってもいいよ。」と伝えて殴らせます。このようにすることで友達を殴らなくなります。また、トランポリンなどは、気持ちを静めるのに効果的です。

殴ってよいもの	殴ってはいけないもの
・サンドバック（ボクシング） ・パンチングバック（キックボクシング） ・ヒットバック（ラグビー）	・人間（友達） ・学校内の建物（壁、ドア、ガラス） ・飾ってある作品（絵画、美術品、調度品）

パンチングバックとトランポリン

52　生徒指導

盗み癖がなかなか直らない

盗み癖のある子供に、犯行を犯した後に口頭で何度か注意しました。しかし、何度注意しても、また同じように盗んでしまい、一向に改善できないでいます。

指導のポイント

- ☑ 言葉（口頭）で指導（注意）するのではなく、視覚的に指導（注意）
- ☑ 予防策を「視覚認知能力」を活かした方法で実施

指導方法

ステップ2　視覚認知を活かした盗癖防止

☞ 盗み癖のある子供は、一瞬で盗む対象物を見る（見つける）能力に長けており、「視覚認知」の能力が優れています。口頭で注意される「聴覚認知」の能力は弱いのです。

☞ 個別面談を設定し、"盗癖防止の流れ図"を見せながら、視覚認知能力を活かすように指導（注意）することで盗癖を防止させます。以下の手順で実施します。

①盗んだ物をデジカメで写して印刷し、『写真ファイル』にしておきます。（現物があればそれを使用します）
②個別面談を設定して、盗んだ物を確認させます。（覚えていない場合には教えます）
③再度盗んだ時には、どのようになるかを"盗癖防止の流れ図"を見せながら視覚的に説明します。「警察」を意識させます。

【"盗癖防止の流れ図"の使い方】
☞ 教卓等にしまっておいた"盗癖防止の流れ図"を教師が時々見ます。（間欠刺激）
☞ 金曜日や休日前に、"盗癖防止の流れ図"を本人に見せます。（間欠刺激）
☞ 毎日の下校時に、"盗癖防止の流れ図"を本人に見せ（連続刺激）、翌日の登校後に確認します。

準備物

【盗癖防止の流れ図】

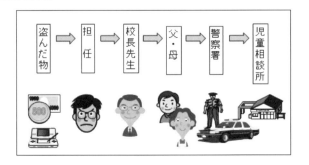

53 生徒指導

距離感がつかめず異性に近寄ってしまう

異性に興味のある子供が、頻繁に特定の異性に近づいたり寄ってくることがあり、距離感がつかめません。一線を越えて身体を触ることもあります。男女のつきあい方を教えているのですが、一向に改善されません。

指導のポイント

☑ 「ダメなものはダメ！」と毅然とした指導
☑ 片手で距離感を教える

指導方法

ステップ1 「ダメなものはダメ！」と指導

☞ 小学校高学年から中学生になると性的興味が旺盛になり、異性に対して極端に近づいたり触ったり、追いかけ回すこともあります。空間認知が弱いことにより「距離感がつかめない」ことも影響しています。

☞ 異性に対して、一線を越えて寄ったり触ったりする行為は、好ましくありません。これが頻繁になると「ストーカー行為」に発展するかもしれないからです。したがって、その都度「ダメです！」「触ってはいけません！」等と毅然とした態度で指導します。偶然そのような行為をしたとしても、学校外の社会生活の中では、それは犯罪行為となってしまうからです。

ステップ3 「片手」で異性との距離感を把握

☞ 教師が本人に対して距離感をつかめるように覚えさせます。本人（Ａ君）と教師２人（Ｔ１、Ｔ２）の計３人でロールプレイしながら指導します。その指導方法は、以下の通りです。

Ｔ１：「この前、Ｃさんからａ君が急に近づいてきたり、体に触ることもあるので、何とかしてほしいと言われました。」
Ｔ１：「そこで、これからＣさんに近づく時の距離を教えますよ。」
本人：「はい。」
Ｔ１：「Ａ君、片手を水平に上げましょう。そして、Ｂ先生（Ｔ２）の肩に軽く触れてください。」
Ｔ１：「Ｂ先生（Ｔ２）は、その場を動かないでください。」
Ｔ１：「Ａ君、Ｂ先生（Ｔ２）の肩に軽く触れながらＢ先生（Ｔ２）の周りをゆっくり一周しましょう。」「やってみてごらん。」（Ａ君が一周する）
Ｔ１：（さらに数回、一周させた後）「Ａ君、できましたか？」
本人：「はい。できました。」
Ｔ１：「Ａ君、今度は片手を上げずに回ってごらん。」（Ａ君が一周する）
Ｔ１：「Ａ君、できましたね。今度から、Ｃさんと一緒に勉強したり活動する時には、この片手を伸ばした中に入らないようにしましょう。」もし、近づきそうになったら、片手を思い出してください。分かりましたか？」
本人：「はい。」

54　生徒指導

特定の友達を追いかけて
ストーカー的な行為をしてしまう

学級の中で気に入った友達がいると、その友達の後をついて回ったり、隣の席に座ったりします。相手が嫌がっていることでも、やり続けています。

指導のポイント

☑ 「やめなさい」という禁止は逆効果
☑ ストーカー行為は犯罪という認識

指導方法

ステップ1　禁止用語を回避

☞ 「やめなさい。」「ダメでしょう。」「我慢しなさい。」と言われても、衝動性やこだわりがなくなるものではありません。「どんな気持ちだったの？」「どうして隣にいたいの？」「どうしたいの？」など、本人の気持ちを引き出すようにします。

ステップ1　どう行動したらよいかを確認

☞ 「ストーカー行為等の規制等に関する法律」について知らせ、犯罪をするとどうなるのかを知らせます。内容の理解が難しい場合には、禁止の行為を絵で示すなど、分かりやすくする工夫が必要です。
☞ 衝動が抑えられない時、イライラする時にどうするとよいかについても知らせます。「教師やカウンセラーに伝える」「自分の手を握る」「深呼吸をする」など、具体的に知らせるようにします。

ステップ2　コミュニケーションの方法を確認

☞ 「好きな人でも、話したり活動したりする時は○cm離れる」「相手が嫌だと言ったら離れる」というようにルールを明確にして教えます。相手の気持ちに気づきにくい場合は「相手が嫌がっているから」という言い方は理解できません。「こういう時にはこうする」というかたちで、コミュニケーションのルールを覚えさせます。

ステップ3　医療からのアプローチ

☞ 上記の学習によっても改善されない場合には、心療内科等の受診や精神科医からの助言が必要となることも視野に入れておきます。犯罪に至るようなストーカー行為が見受けられる場合は、保護者に子供のそういった行動を理解してもらい、早い対応をしていく必要があります。

55 生徒指導

見通しが持てず何度も同じ間違いをしてしまう

経験から学ぶことが苦手でいつも同じようなパターンで人間関係のトラブルになる子供がいます。何度も同じ問題で感情的になり、泣いたり怒ったり、怒らせたりするので、他の子供たちとの人間関係も心配です。

指導のポイント

- ☑ 繰り返している人間関係トラブルを理解
- ☑ 「トラブルストーリー」の作成で振り返り
- ☑ 「解決ストーリー」をパターン化して身に付ける
- ☑ うまくいった事例でスキルアップを目指す

指導方法

ステップ1　自分の経験を振り返り「トラブルストーリー」を作成

☞本人の繰り返している問題が、どのようにして起こっているのか、自分の経験した出来事を振り返り、「トラブルストーリー」として作成して理解させます。

☞本人が落ち着きを取り戻してから、静かな場所（相談室、保健室等）で個別面談をし、以下のような手順で自己理解を進めていきます。

①同じ間違いを自覚する
②トラブルになる前の状況を思い出し、「トラブルストーリー」を作成する
③「トラブルストーリー」を振り返る
④どの時点で間違ったか（トラブルになったか）を認識する
⑤トラブルにならない「解決ストーリー」を考える
⑥過去の同様なパターンでのトラブルを思い出し、パターンを覚える

ステップ1　「トラブルストーリー」で自己理解

☞トラブルを避けるための対処方法には、どのような方法があるかを本人と一緒にできるだけたくさん考えます。そして、考えた方法が自分にとってメリットやデメリットなのかを考え、今後、トラブルが起こりそうな時の対処方法をいくつか選ばせます。

☞対処スキルのパターン化を目指し、同じ方法がどんな場面で使えるかを考えさせます。さらに、同じ場面を設定し、手順に沿って何度か練習させます。トラブルの回避方法を考えさせ、対処スキルのパターン化を目指します。

【「トラブルストーリー」を作成して自己理解する面談の例】

＜84頁　図１「トラブルストーリー」、図２「解決ストーリー」を参照＞

①同じ間違いを自覚する

教師：「Ａさん、今日、友達とトラブルを起こしましたよね。先生は、Ａさんが同じようなパターンで友達とトラブルを起こしているような気がしています。先生は、Ａさんがつらい思いをしているのではないかと心配しています。また同じようなトラブルを繰り返さないためには、なぜトラブルになったかについてしっかり考えることが必要です。そこで、これから、このホワイトボードに書いて一緒に考えてみましょう。」

本人：「はい。」

②トラブルになる前の状況を思い出し、「トラブルストーリー」を作成する

教師：「それでは、これからＡさんに質問をしますから答えてください。答えた内容は、このホワイトボードに書いていきます。始めていいですか？」

本人：「はい。」

教師：「それでは、トラブルは、いつ起こりましたか？」

本人：「算数の授業中。」（＊教師は、ホワイトボードに書き始める）

教師：「場所は、どこですか？」

本人：「教室。」

教師：「誰と誰ですか？」

本人：「私とＢ君です。」

　↓　　＊注）図１「トラブルストーリー」の質問項目①〜⑧まで同様に質問する
　↓

③「トラブルストーリー」を振り返る

教師：「全部質問が終わりました。それでは、一つ一つ振り返ってみましょう。１番から８番までありますから、読んで確認してください。」

本人：「（確認する）…先生、確認しました。」

④どの時点で間違ったか（トラブルになったか）を認識する

教師：「それでは、１番から８番までで、どこでトラブルのきっかけになったと思いますか？」

本人：「うーん、分かりません。」

教師：「それでは、先生と一緒にもう一度確認してみましょう。」

教師：「Ｂ君は、なぜ、バカと言ったのかなあ？分かりますか？」

本人：「なんでだろう…」

教師：「では、なぜＢ君は、Ａさんに教えたくなかったと思いますか？」

本人：「…。」

教師：「よく分からない？それでは、先生が教えてあげますね。」

教師：「Ｂ君は、おそらく集中して問題を解いていたのに、Ａさんが大きな声で『教えて』と言ったのでイライラしてうるさいと思ったのではないですか？あるいは、人に教える前にＢ君が先に自分で解いてみたかったのでは？」

本人：「そうなんだあ。」

教師：「だからＢ君は、思わずＡさんに『バカ』と言ったんだと思うよ。誰だって集中している時に急に大声で声を掛けられれば、イラッとするよね。分かりましたか？」

本人：「はい。」

⑤トラブルにならない「解決ストーリー」を考える

教師：「それでは、あの時、どうすればトラブルにならなかったのかを考えてみましょう。」

教師:「別のホワイトボードに、"授業中に分からないことを友達に聞く時は?"と書きます。」
教師:「授業中に分からないことを友達に聞く時は、どうすればよいか、いくつか考えてください。」
本人:「待てばいいの?」
教師:「そうだよね、誰だってすぐには教えられないから、友達が問題を解き終わるまで待つよね。」
教師:「それをここに書くね。」
教師:「Aさんが、B君が終わるまで待っていて、書き終わったところでB君に質問したら、B君はどうすると思うの?」
本人:「ちゃんと、教えてくれると思う。」
教師:「そうだよね。B君も余裕が出るから、Aさんに教えるよね。」
教師:「B君が教えてくれると、Aさんはどうなるの?」
本人:「ケンカしない。」
教師:「そうだよね。当然ケンカをしないよね。」
　↓　　＊注) 別の方法も考えて、解決ストーリーを完成させる
　↓

⑥過去の同様なパターンでのトラブルを思い出し、パターンを覚える

教師:「Aさん、今回のようなトラブルは、前にもなかったかな?」
本人:「うーん。思い出せない。」
教師:「先生は、Aさんが同じようなことで泣いていたことを思い出したよ。」
教師:「先日、Cさんとソフトテニスをしているときにトラブルになったでしょう。CさんがAさんに"教えて"と言ったのが原因ではなかったの?」
本人:「あっ、そうだった、思い出した。」
教師:「思い出してくれた?あの時もCさんが一生懸命ラケットの素振りをしていた際中に、Aさんが急に"教えて"と言ったからだと思うよ。」
教師:「なぜだか分かる?さっき、解決方法を学んだから分かるよね。」
本人:「友達に聞く時には、その友達が集中していない時を見つけるとか、時間に余裕がある時です。」
教師:「その通りです。相手にお願いする時には、相手の行動や気持ちを読み取ることが大事です。言葉遣いも丁寧だともっといいわね。分かった?」
本人:「分かりました。」
教師:「同じ間違いを、繰り返さないでね。」
本人:「はい。」
教師:「分かったところで、今日の面談を終わります。」
本人:「ありがとうございました。」

ステップ２　「トラブルストーリー」を蓄積して活用

☞「トラブルストーリー」は、うまくいかなかった事例だけでなく、うまくいった事例も記録に残します。個別面談で使用したカード等は、写真に撮って印刷をしておき、専用ファイルに閉じ込み、必要に応じてその都度、活用します。

準備物

・ホワイトボード（Ｂ５サイズ程度）
※「トラブルストーリー」のカード作りには、Ｂ５サイズ程度のミニホワイトボードを活用すると、イラストも文字も何度も消すことができて便利です。裏にマグネットを付けると、大きなホワイトボードにそのまま貼り付けることも可能です。（100円ショップで購入）

【図1 「トラブルストーリー」の作成】

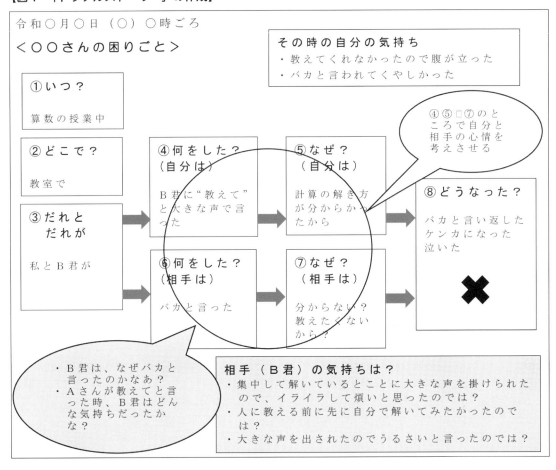

【図2 「解決ストーリー」を考える】

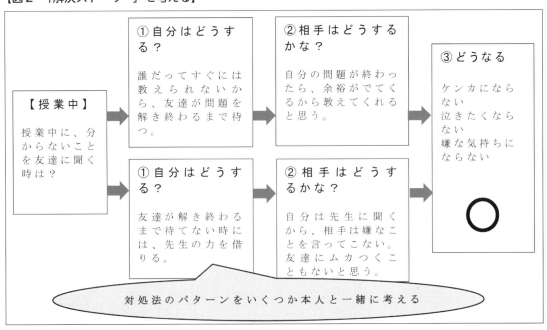

56 感覚過敏

（視覚）
光が眩しくて見えにくい

屋内では、蛍光灯の光が眩しくて目を開けることができません。また、屋外では、太陽の光が眩しくて目が開けることができません。眼科医からは、目には何の問題もないと言われています。

指導のポイント

☑ 眩しい場所と眩しくない場所を確認して移動
☑ 光の眩しさを軽減

指導方法

ステップ1 眩しくない場所や学習しやすい場所に移動

☞光を背で受け止められるような場所や光が弱い場所に移動します。

ステップ1 サングラス等の遮光眼鏡の装用（屋内・屋外）

☞『見やすさ』は視力と、レンズの色や濃さによって違います。本人の実態に合ったものを選びます。また、眼鏡のフレーム脇からの光にも眩しさを感じることもあるので、配慮が必要な場合があります。

ステップ1 光を弱くする（調整する）

☞直接照明を和紙などで覆ったり、窓ガラスに色の濃い紙を貼ったりします。カーテンの色も、できるだけ白ではなく色のついたものがよいでしょう。
☞「見る」「読む」時には、カラーの透明フィルムを活用します。本人に合った色を選び、見たり読んだりします。

ステップ2 パソコン等の視覚機器の画面の色を調整と配慮

☞パソコンなどの背景画面を黒系の色に設定します。また、配色については、赤と緑は見えづらいので、青やオレンジを使うようにします。

ステップ2 アーレンシンドローム（アーレン症候群）への対応

☞イギリスの教育心理学者アーレン（Hren Irlen）が見つけた、光に対して過敏に反応する視知覚障害の一つです。対策としては、本人に合ったカラーの透明フィルムを通して文字を見たり、カラーレンズの眼鏡を装用したりして困難さに対応します。

57 感覚過敏

（聴覚）割り箸の音が嫌で割れない

音の感覚過敏のある子供が割り箸を割る時の音や、割り箸の木の感触が苦手です。そのため、遠足では割り箸を割ることができずに、お弁当を食べられないこともあります。本人も困っていますが解決方法が見つかりません。

指導のポイント

- ☑ 本人の強み（得意なこと）が何かをよく観察
- ☑ 苦手意識を克服するための手立て
- ☑ 楽しく割り箸を割るような体験

指導方法

ステップ1　不安から好奇心へ意識変化

☞ 聴覚過敏がある子供は、割り箸を割るだけで心臓がドキドキして不安になります。この不安を本人の強みである知的好奇心のドキドキに置き換えることを目指します。蓋の感覚と割り箸を割る感覚の2つの感覚が体験できるよう工夫します。例えば、「おみくじ」のゲームをしながら割り箸を割らせるようにします。

<おみくじの指導手順>
① 割り箸の袋の表に都道府県名を書き込みます。袋の中には各都道府県の名物を書き込みます（山梨県：ぶどう、大阪府：たこ焼きなど）。
② おみくじの箱に、排水口の蓋をつけ、箱の中に割り箸を入れます。
③ おみくじの中から割り箸を取り出します。
④ 割り箸の袋の表面に書かれた都道府県名を確認します。
⑤ 割り箸を割ります。
⑥ 割り箸の袋の中に書かれてある名物を確認します。
⑦ 引いたくじに書かれてある都道府県を白地図から探し、色を塗ります。
⑧ 47都道府県が完成するまで、繰り返します。

☞ 鉄道の駅名など、本人の興味に応じて内容を工夫できます。

準備物

- ・おみくじ用の箱
- ・シンクの排水口の蓋
- ・袋入りの割り箸47本
- ・都道府県の白地図
- ・色鉛筆

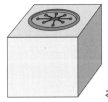

おみくじの箱　　排水口の蓋

58 感覚過敏

(聴覚) 音の過敏があり集団や集会に入れない

急に教室を飛び出してしまったり、大声で泣いたりすることが頻繁にあります。特定の友達の声や、決まったCDの曲等が聞こえると耳をふさいで叫ぶことがあり、授業が中断してしまうこともあります。式典や集会等も苦手で、最後まで参加できません。

指導のポイント

- ☑ どこに苦手さがあるのかを分析（音量、周波数、聴覚過敏）
- ☑ 安心して過ごせるものや気がまぎれるものを用意
- ☑ 参加場面を焦点化して無理なく参加

指導方法

ステップ1　苦手さの分析

☞例えば、耳をふさいでいる場面がどんな時なのか、前後の状況から分析します。

①音量が大きすぎる。
　→音量を下げる、音が聞こえない工夫をする。
②特定の音が苦手である。
　→音源から遠ざけたり、イヤーマフや耳栓の使用を検討したりする。
③疲労やストレスがあると、いつもは大丈夫でも急に過敏になることがある。

耳栓の着用

ステップ1　不安を軽減するグッズを用意

☞気になる音刺激に対して、本人の受け入れられる刺激を用意することで、相対的に気にならないようにします。
☞触っていると安心する素材（ぬいぐるみ等）をポケット等に入れておき、触ってよいことを認める、好きなキャラクター等のカード等を用意し、つらい時は見てもよいことを伝える。

ステップ1　参加場面を焦点化

☞式典等は、本人が活躍できる場面を精選する（例えば、卒業式であれば証書授与、入退場のみに絞る等）。
☞必要な参加場面以外は、別室で過ごしてよいことを認める。

59 感覚過敏

（味覚）
偏食があり給食で食べられるものが少ない

給食の時間、偏食が多く、嫌いなおかずを残してしまいます。何度か指導しているのですが、強要すると嘔吐してしまうこともあります。本人のペースに合わせてしまうと残してしまうこともあり、それがクラスの子供にも影響を及ぼします。

指導のポイント

- ☑ 苦手な刺激の分析（味、触感、におい、温度等）とアレルギーの確認
- ☑ 「残した！」という罪悪感をもたせない
- ☑ 嫌いなおかずは、自分で「食べ切る量」を盛り付ける

指導方法

ステップ1　好き嫌いと感覚過敏、アレルギーの見極め

☞口に入れることができるか、咀嚼しているか、飲み込めるかを観察します。

①口に入れられない場合、見た目（形、色等）やにおいが苦手である可能性があります。
②咀嚼できない（丸飲み）場合、食感が苦手な場合があります。
③飲み込めない（嘔吐等を伴う）場合は、好き嫌いではなく感覚過敏である可能性を考慮します。

☞給食のおかずを残す子供には、アレルギーをもっている場合もあります。指導する前にアレルギーの有無を確認しておきます。

ステップ1　罪悪感から満足感へ

☞給食のおかずを残してしまうと、本人の頭には「残してしまった」という罪悪感が残ってしまいます。それが毎日続くと、登校渋りや不登校になります。そこで、「食べ切った」という満足感に替えます。「食べ切った」ら褒めてあげます。

ステップ2　自分で盛り付け

☞「食べ切る」ためには、本人が食べ切ることができる量を盛り付けします。例えば、「1センチ」「ひとすくい」「1粒」でもかまいません。自分で盛り付けしたおかずは「食べ切る」ように指導します。その量をデジカメなどで撮影しておくのがよいでしょう。給食は、同じメニューが出ることがありますから、次回に同様なおかずが出てきた場合には、デジカメで振り返りながら前回よりも「少しだけ多く」自分で盛り付けます。このように、少しずつ食べられる量を増やしていきます。

ステップ2　他の子供への説明

☞特定の子供に、自分で盛り付けをさせる場合には、給食当番など他の子供に対して、十分な説明をします。"合理的配慮"という扱いにして、他の子供に納得させましょう。（事例2［12頁］を参照）

60 感覚過敏

(嗅覚)
においが気になって立ち止まってしまう

集団登校の途中、公園の中を通る際に、座り込んでしまい動かなくなってしまいました。その後、突然泣き出しパニック状態になりました。いくら説得しても動こうとしません。担任が駆けつけ理由を聞くと、「木が悪い。」と話しました。

指導のポイント

- ☑ パニックが落ち着いたら理由を聞く
- ☑ 嫌いなにおいの原因分析
- ☑ つらい時の対処法を一緒に考える

指導方法

ステップ1 原因の追究

☞子供に様々な質問をしながら、何が原因かを考えます。

質　問	子供の答え
痛いところはありますか?	痛くありません。
どうして動けなくなったのかな?	嫌な気持ちになったから。
いつも嫌な気持ちになりますか?	ここの公園が嫌、木が悪いから。
どうして木が悪いのかな?	新しい木になっている。
新しい木はどれのことかな?	あれ(指をさす)芽が出てきた。
新しい葉がたくさんになっているね。	だから変なにおいがする。

ステップ1 気持ちの安定を優先

☞嗅覚が過敏な場合、嫌なにおいにも過敏ですが、好きなにおいやこだわりのあるにおいもあるかもしれません。つらい時やにおいにこだわってしまう時には、子供が好きな物(本や写真、音楽、絵を描くなど)を用意しておき、気持ちを落ち着かせるツールとして活用し、においへのこだわりを軽減させます。

ステップ2 対処法の提案と確認

☞においに過敏な場合は、我慢できるか我慢できないかを子供に確認し、マスクの着用、場所の移動、不参加等、どうするかを確認します。
☞苦手なにおいや場所を確認し、そういった状況や場所での活動がある場合、事前に知らせておきます。
☞「10分だけやってみよう」などの時間制限を設け、においに慣れるということも必要です。

ステップ3 好きなにおいをまく

☞「このにおい嫌いだ!」「嫌なにおいだ!」と言って拒否したら、本人の好きなにおい(香水など)を大量にまき、「好きなにおいでしょう?」と切り替えさせます。

61 感覚過敏

(触覚)
肌に触られることを嫌がる

皮膚の感覚過敏があります。偶然に友達の手が当たったり、机の角に足をぶつけたりするとパニックになり、周りの友達や教師のせいにします。その都度なだめたり、場を離して落ち着かせたりしていますが改善しません。

指導のポイント

- ☑ 本人の触覚過敏の状況を把握
- ☑ 遊びを通しての感覚入力の機会を設定
- ☑ 教職員や学級の子供に説明

指導方法

ステップ1 触覚過敏の状況の把握と共感

☞ 予測していない接触や、ベタベタしたものに触れることなど、周囲には分かりにくい触覚の過敏性を丁寧に観察したり、本人や保護者からの説明を受けたりして、本人のつらさを理解するように努めます。「慣れたら治る」などといった安易な考え方は禁物です。

ステップ1 遊びの中で触覚を使う場面を設定

☞ 子供同士では力加減の調整が難しいので、教師との遊びの中で交代で肩もみをしたり、「指相撲」「ドンじゃんけん」「押し相撲」などをしたりして、本人の触覚の快不快を見ながら少しずつ感覚入力に慣れるようにしていきます。

☞ 感覚の過敏性からくる不快を周りに訴えてよいことを教え、「声が大きすぎて耐えられない」「紙やすりはざらざらしていて触れない」など、本人が発信し、それを周りの子供が理解して協力や配慮できるようにします。

ステップ2 感覚の特異性と合理的配慮の必要性を説明

☞ 本人や保護者の了解を得て、普段の生活でさほど気にならないような接触や感覚に過敏性があり、本人がつらい思いをしていることについて、学級の発達段階に応じて次頁のように説明します。

☞ 例えば、呼び掛ける時は正面から声を掛ける、ダンスやゲームの時に「触るよ。」「肩に手を置くよ。」などと具体的に伝えてから触る、無理強いをしないなどのルールを決め、協力や配慮ができる学級経営を目指します。

ステップ3 感覚発達チェックリスト（JSI-R）を活用

☞ 感覚の発達についての「感覚発達チェックリスト」（JSI-R）を用いて、多角的に把握します。

＊ JSI-R　http://jsi-assessment.info/jsi-r.html

【学級の子供に対する皮膚過敏がある子供の説明の例】

①A君の体の感覚のことについて、大事な話をします。

②A君が友達とちょっとぶつかったり、急に触られたりした時に、とてもびっくりすることがあることをみなさんも知っていますね。

③A君もおうちの人も先生もとても心配していました。そして、A君の体の感覚のことを病院でみてもらいました。

④体の感覚の中で、例えば自分で物を触ったり、誰かに触られたり、物が自分に触れたりするような感覚のことを「触覚（しょっかく）」と言います。覚えてね。（用紙に書くと効果的です。）

⑤例えば、ボールが急に後ろから飛んできて背中に当たったら、みなさんどうですか？（「びっくりする」「痛い」「倒れる」などの回答が予想される）

⑥「ボールが当たった」という感覚を皮膚や筋肉が感じた時に、それをどう感じるかは、その人の脳の受け取り方で違います。

⑦A君は、周りの友達よりも感覚の受け取り方が敏感で、驚いたり、痛がったり、我慢できなかったりするということが分かりました。A君の脳の働きが鋭い、敏感だという意味です。

⑧友達に用事がある時にみんなは、後ろから肩をトントンと軽く叩いて友達を呼んだりすることがあるでしょう？

⑨A君は、そのように急にトントンと叩かれたら、それを感じる感覚が鋭いので、とてもびっくりしてしまいます。どうしたらいいか、先生がみんなに教えます。

⑩A君に話し掛ける時は、A君の後ろからではなく前から「ねえ、A君。」とまず名前を呼びます。A君が「なあに？」と言ってから、用事を話すとA君の心の準備ができていて、落ち着いて話を聞くことができると思います。

⑪A君が教室の中で何かにぶつかったり、体育の時間にボールが当たったり転んだりした時に大騒ぎになるのも、「大げさにしよう」「ウケをねらおう」としているのではなく、私たちには分からないくらい、とても痛かったり、びっくりしたりしているのだと理解してください。

⑫それを笑ったりからかったりするのではなく、「A君、大丈夫？」「A君、ドンマイ。」と優しく声を掛けられるB組の仲間であってほしいです。

⑬ダンスやレクリエーションなどで手をつないだり、体が近い状態で活動をしたりすることもあると思います。「A君、触って大丈夫？」「ハイタッチするよ。」など声を掛けてあげると、「心の準備ができる」とA君も言っています。

⑭A君には痛さやびっくりする感覚だけではなく、例えば給食のシチューがこぼれて指や腕などがベタベタするのも苦手だそうです。A君の苦手なこと、できないことをA君が近くの友達にお願いすることがあると思います。

⑮誰かが困っている時にはそれを助け合える、そういうB組だと先生は普段から思っています。みんなの優しさを見せてほしいと思います。

⑯今日は、A君の体の感覚について大事な話をしました。

62 感覚過敏

(触覚)
他人が使用している物に触れられない

普段から神経質で感覚過敏な子供が、他人が使っている物を触ったり、使うことができません。強迫神経症、潔癖症のようになっています。そのため、トイレに入って便座に座ることができなかったり、教材・教具をきれいに拭いているので、学習活動に支障をきたしています。

指導のポイント
- ☑ 徹底してきれいにする場合には時間制限
- ☑ 測定器で安全基準を確認

指導方法

ステップ1 時間を決めて徹底的にきれいにする

☞ 潔癖症で「手を何度も洗う」「物をきれいになるまで何度も拭く」といった子供がいれば、本人が納得したり満足するまで洗わせたり拭かせたりします。しかし、長時間にわたる場合には、アラームが鳴る時計等を使って時間制限をします。

ステップ3 測定器を使用して根拠のある「安全基準」を確認

☞ 手を洗ったり、物をきれいに拭いただけでは、納得したり満足しない子供もいます。その場合には、以下のような市販されている「測定器」を使用し、一定の基準を超えるまでは、人体に影響がなく安全であることを説明した後、本人自身が測定し、安全基準を確認させます。

☞ 一時期、東日本大震災の福島原発事故後に、「放射能汚染」を気にする子供がいました。このような場合にも、放射能は誰でも常に浴びていることを説明した後、安全及び危険な基準を教え、毎日、本人と大気汚染の状況を測定し、その数値をグラフ化して安心させました。

【市販されている菌の簡易式測定器】

品 名	特 徴	会社名・価格
一般細菌試験紙	試験紙による簡易試験法で容易に一般細菌の検査ができます。一般細菌は試験紙上に培養された赤いスポットとして計数できます。	柴田科学 約3,000円
ペタンチェック	ぺたんと押して微生物をチェックします。汚染実態の把握・消毒殺菌効果判定が肉眼ででき、汚染源の特定菌の有無を判定できます。	栄研化学 約5,000円
ATP測定器シルバックPen (ルミテスター)	ポータブル式のルミテスターのATP(アデノシン三リン酸:微生物・食品残渣などに存在)拭き取り検査用試薬です。より高感度に幅広い汚れを検出できます。	キッコーマン 約13,000円
フキトリマスター (洗浄度判定キット)	洗浄度の判定が色で簡単に行えます。目視によるレベル判定だけでなく、吸光度測定も可能です。	AR BROWN 約30,000円

63 感覚過敏

（温度覚）気温に鈍感で衣服の調節ができない

気温に鈍感で衣服の調節ができません。寒い日でも上着を着たがらないため、体調を崩してしまいます。

指導のポイント

- ☑ 感覚の過敏さや鈍麻さを自己理解
- ☑ 気温（室温）と衣服及び感覚の3点をマッチング
- ☑ 健康を維持するために衣服の調節が必要なことを説明

指導方法

ステップ1　衣服の調整の必要性を理解

☞ 寒さ、暑さは、体力を減らしてしまうことを伝え、衣服の調節の必要性を理解させます。暑さ、寒さを感じにくいかもしれないことを伝えます。

ステップ1　衣服の調節の仕方を確認

☞ 普段着ている衣服をデジカメで写して印刷し、それを「衣服選択シート」に貼らせます。例えば、「0～5℃」の位置に、自分のコートなどの写真を貼らせます。

☞ 併せて、「寒い」「暖かい」などの感覚を記述させておきます。作成したシートは、見やすい場所に貼っておきます。

ステップ1　天気予報で明日の気温を確認・衣服を選択

☞ 「衣服選択シート」を見ながら、気温に見合う衣服を選択させます。
☞ 徐々に、「気温」から「感覚」が分かり、「感覚」から「衣服」を選択できるようにします。

準備物

「衣服選択シート」の例

感覚	とても寒い	寒い	やや寒い	涼しい	過ごしやすい	暑い	とても暑い
衣服	コート	お気に入りの冬服（衣服の写真）／セーター（衣服の写真）					
気温（度）	0～5	6～10	11～15	16～20	21～25	26～30	31～

64 感覚過敏

(温度覚) 暑がり寒がりで温度調節が難しい

普段から極端に暑がったり寒がったりする子供がいます。ある子供が「暑い。」と言ったので、その子供に合わせて温度を下げたのですが、別の子供に「寒い。」と言われました。教室の中では、「暑い。」「寒い。」で意見が分かれます。

指導のポイント

- ☑ 温度管理ができる部屋に移動
- ☑ オプションを追加
- ☑ 暑さ寒さの基準となる子供を選定

指導方法

ステップ1　扇風機を入れたりエアコンのある教室等に移動

☞ 教室にエアコンがない場合には、扇風機を数台入れて風を送るようにします。
☞ 教室にエアコンがなくとも、「保健室」「視聴覚室」「パソコン室」など一部の教室にエアコンがある場合には、その教室で授業を行ったり、休み時間に保健室に行くなどして涼みます。

ステップ2　エアコン＋オプション

☞ エアコンがある場合には、基本的に温度計を見て、エアコンの設定温度を決めます。しかし、感覚過敏の子供は、温度以上に暑く感じたり寒く感じたりします。そこで、エアコンにオプションをプラスします。例えば、とても暑がっている場合には、その子供に「扇風機を追加」してあげます。
☞ 扇風機の追加でも暑がっている場合には、市販されているジェル状の保冷剤等を頭や首に巻きます。お尻に敷くタイプもあります。
☞ 朝に「おしぼり」を持参して、保健室の冷蔵庫（冷凍庫）に入れておきます。休み時間ごとに保健室に行って、おしぼりで汗を拭き取ります。

ステップ3　暑さの「基準となる子供」を選定

☞ 教室の中にあるエアコンのスイッチを入れると「涼しくて気持ちよい。」と言う子供もいれば、「寒い、寒い。」と言う子供も出てきます。どちらかの子供に温度を合わせると文句が出ます。そこで、学級の中で暑さ寒さの「基準となる子供」をみんなで数人決めます。その子供の意見（感覚）を学級の皆が聞き入れることを学級で約束します。

65　感覚過敏

（温度覚）
雨・雪や台風などの低気圧に弱い

体調不良を起こして学校を時々休んだり遅刻する子供がいます。詳しく調べてみると、雨の日や雪の日に多くみられ、台風の時もあります。天気（気圧）に左右しているような気がしています。

指導のポイント

- ☑ 「感覚過敏」の一つだと自己理解
- ☑ 天気予報図を見て「低気圧」により体調不良を予見

指導方法

ステップ1　雨・雪・台風の予感

☞自閉的な気質がある感覚過敏の子供の中には、雨、雪、台風など「低気圧」の時に体調を崩すことがあります。特に、その天気の数日前に注意します。案外、当日は大丈夫なことが多いようです。

ステップ2　天気予報で体調を判断

☞「低気圧」に左右されて体調不良となる子供には、テレビで天気予報図を確認させるようにします。本人には、天気予報図を見て低気圧が近付いていることを確認して、「感覚過敏により体調が悪くなることを予見」させます。そして、家族の人や学校の先生方に「低気圧で具合が悪い！」と訴えながら無理をして登校させるように説明します。登校後、我慢できないような体調不良の場合には、保健室で休んだり、学校を早退するように促します。感覚過敏を自己理解するとともに、周りの人たちにも理解してもらうことが重要です。

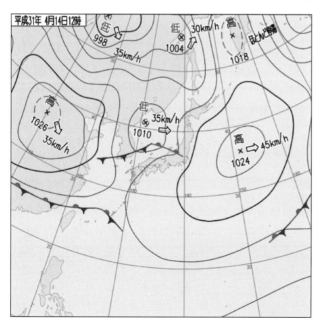

注：「低気圧」「高気圧」は、一定の数値（hPa）で決まるものではありません。例えば、1000hPa以上でも「低気圧」になります。天気図の「低」「高」に注目させるようにします。

66　家庭環境

ゲームに熱中しすぎて遅刻したり授業中に寝ることがある

子供が毎日ゲームにはまっているようです。ゲーム依存のようになり朝方までしていることもあります。保護者から「ゲームを止めさせるためには、どのようにしたらよいですか。」と質問されました。学校では遅刻したり寝ることがあります。

説明のポイント

- ☑ ゲーム時間を約束し、守れなかったらペナルティの実行と徹底
- ☑ ゲーム機を壊し（実際には壊さない）、「修理に出す」と嘘をつく
- ☑ ゲームをやり続け、寝ないで登校

説明方法

ステップ1　本人と保護者の力関係

☞ ゲームが止められない要因に、本人側では"ゲームにはまると脳が次第に強い刺激を求めエスカレートしていく"ことや、保護者側では"本人の言いなりになる、強く注意できない"ことがあります。保護者が本人に強く指導します。

☞ 保護者は、本人と"時間を決めてゲームをする"ことを約束しますが、本人は守れません。"時間を決める"場合には、守れなかったら『ペナルティ』をきちんと設定し、違反したら厳格にペナルティを実行することです。

ステップ2　ゲーム機の故障

☞ 保護者は、ゲーム機に細工をして「故障」したと見せかけます。本人が「修理してほしい。」と言ったら、保護者は「家電店に修理に出してあげるね。」と言って、数日間、ゲーム機を隠しておきます。本人が「まだ直らないの？」と言ったら、「この前、家電店に聞いたら○月○日に直るそうだよ。」と言います。修理期間は、ゲームが一時的にできなくなります。修理期間は本人の状況により適切に判断します。

☞ 本人が「壊れたから新しいゲーム機を買ってほしい。」と要求してきたら、保護者は「今、うちは生活が苦しいの。分かるでしょう。修理するから我慢しなさい。」と強く言います。

ステップ3　ゲームを継続し寝ないで登校

☞ "早朝に寝かせない"ことです。夜中の2時、3時までゲーム等をし続けると、当然、朝寝坊したり遅刻します。生活リズムが狂い不登校になることもあります。この場合には、保護者が本人と「ゲームやインターネットは好きなだけやりなさい。その代わり、朝は寝ないで、そのまま起きていて朝食を済ませて早めに学校に行くこと。」と約束します。これを数日間続けると、「生活リズムを元に戻したい」という人間の本能が出てきますから、夜は適時に寝るようになります。ゲームをやる時間も少なくなります。

67　家庭環境

きょうだいで親を独占したがる

保護者から次のような相談を受けました。「きょうだいで母親の取り合いになり、毎日のようにケンカしています。ケンカの理由は、誰が母親の隣で寝るか、誰が母親に先に本を読んでもらうかなど様々です。そのたびに叱ってしまうのですが、他によい方法はないでしょうか？」

説明のポイント

- ☑ 一人ずつ親と2人だけの時間を作る
- ☑ 一人ずつ特別扱いして親の愛を伝える
- ☑ ルールを決める

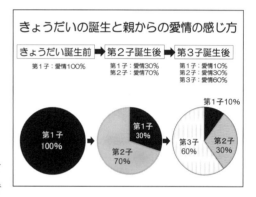

説明方法

ステップ1　親子2人だけの時間を作る

☞第1子は、下の子が生まれるまでは親の愛を独占してきました。しかし、下の子が生まれたとたんに独占できなくなり、さらに、きょうだいが増えるたびに時間的にも物理的にも親を独占することができなくなります。親のほうは、きょうだいの愛情は皆同じと思っていても、本人は、違うと感じています。したがって「親子2人だけの時間を作る」ことがポイントです。特に第1子には必要な時間です。5分でも10分でも構いません。夕飯の買い物に行く、散歩をする、絵本を読む、お風呂に入るなど、本人と2人だけで過ごす時間を意図的に作ることで独占欲を満たします。

ステップ1　特別扱いして親の愛を伝える

☞本人が「ママは誰が一番好き？」と尋ねてくるかもしれません。そこで、以下のような言葉掛けを、子供全員、それぞれに話します。このような言葉掛けのほかに、内緒で親子2人だけでケーキを食べる、高級なチョコレートを親子2人だけで食べるなど、他の子供には内緒にする「特別扱い」が効果的です。

（第1子の場合）
「ママはね、Aちゃんが一番大好きだよ。だって、Aちゃんは一番最初に生まれてきてくれて、ママとは一番長〜く一緒にいるからね。でもね、ママがAちゃんのことを一番好きだってことは、弟のBくんや妹のCちゃんには内緒にしてね。みんなズルいと言って怒ってしまうかもしれないから、2人だけの秘密だよ♡」

ステップ2　ルールを決めて順番に

☞ルール作りも効果的です。隣で寝る順番、隣で食事をする順番、絵本を読んでもらう順番などをあらかじめ話し合いでルールを決めて、カレンダーに記入したり紙に書いたりして見えるところに貼って実行します。

68 家庭環境

母子分離ができておらず母親と一緒に登校する

朝、子供が登校する際に、保護者が学校まで付き添ってきたり、時には、教室の中で一緒に過ごす場合があります。子供は保護者がいなくなるのを不安がります。保護者からの要望もあり、担任としては母子分離について強く言えません。

説明のポイント

- ☑ 保護者面談で母子分離を説明
- ☑ 段階的に付き添いを減らす
- ☑ 仕事を理由に保護者は帰る

説明方法

ステップ1　母子分離の意味を伝える

☞ 子供が保護者（母親）から離れられないというのは、子供が不安症であったり自閉気質で切り替えができなかったりするケースもありますが、幼児期に母親が子育ての中で母子分離を教えてこなかったことが考えられます。母親にもその要因があります。例えば、幼児期に手を振って「バイバイ」をすることは、"お母さんと別れる"ことを意味します。登校する際の「行ってきます」や、下校する際の「さようなら」も別れの合図です。

☞ 保護者面談を設定して、母親の意識を変えることが重要です。家庭で子供に、「バイバイ」「行ってきます」「さようなら」など、"手を振ったら別れる"ことの言葉の意味を教えます。母親も毅然とした態度に変わるように求めます。母子分離ができない子供の中に、不登校になるケースがあることを伝えます。

ステップ2　段階的な母子分離意識

☞ 付き添い登校の状態から一人で登校できるように段階的な計画を立て、それを本人、保護者、担任で確認します。約2週間をめどに一人で登校することを目標にします。以下に計画の概要例を示します。

段　階	期　間	母子分離の状況（母親の付き添い）
現　在	4月10日（水）	教室の中で、2校時目まで付き添っている。
段階1	4月12日（金）〜	教室の中で、1校時目まで付き添う。
段階2	4月15日（月）〜	朝の会まで付き添い、1校時が始まったら帰る。
段階3	4月17日（水）〜	朝の会が始まったら帰る。
段階4	4月19日（金）〜	教室まで送ったら帰る
段階5	4月22日（月）〜	玄関から送ったら帰る。
段階6	4月24日（水）〜	校門まで送ったら帰る。
段階7	4月26日（金）〜	一人で登校する。

ステップ2　嘘も方便

☞ 登校前に、保護者が子供に「今日は、仕事があるから、教室まで送ったらすぐ帰るからね。」と伝えておき、子供と一緒に教室まで行き、「バイバイ、仕事行ってくるね。」と言って強制的に別れる。

69 家庭環境

虐待（ネグレクト）されている疑いがある

 子供の体を見たら、切り傷やアザがありました。子供に話を聞いてみると、その内容から虐待が疑われる言動が感じられます。しかし、家庭の様子を詳しく話そうとはしません。

指導のポイント
- ☑ 虐待という観点から毎日の健康観察で確認
- ☑ 子供にヘルプの出し方を教える

指導方法

ステップ1　毎日の健康観察

☞身体の状況を教師が見ることや本人にあれこれ尋ねると、本人が何かを調べていると気付くことがあります。本人から保護者への伝わり方によっては、保護者との関係が悪くなってしまうことがあります。そのため、「健康チェックカード」等を用意し、本人が自分で記録できるようにします。

☞虐待の発見につながるような以下の項目を、日常的な健康観察項目に加えます。

- ・昨日、学校のことを家族に話しましたか。家族は話を聞いてくれましたか。
- ・昨日、家族に叱られて、嫌な気持ちになるようなことがありましたか。
- ・家にいる時、楽しくないと思うことはありましたか。
- ・学校から帰ってから、ケガややけどはしなかったですか。
- ・ごはんはおいしく食べられましたか。

ステップ1　虐待が疑われる場合の行動観察

☞虐待が疑われる時は、日ごろの健康観察や行動観察に加え、次のような観点での観察をきめ細かに行います。

身体面	・子供の身長・体重が同年齢標準よりも極端に低いまたは軽い。 ・冬なのに上着を着ていないなど季節はずれな服装をしている。 ・皮膚がかさかさで目の下に黒いクマがある。 ・虫歯がある、予防接種を受けていないなど治療や医療受診をしていない。 ・いわゆる「ゴミ屋敷」に住んでいる等、住居が不衛生である。 ・不潔な身なりをしている。
行動面	・明確な理由もなく欠席することが多い。（保護者が学校に出さない） ・給食をガツガツ食べる。（食べ物を盗ったりせびったりする） ・気だるそうで、何事にも無関心に見える。 ・夜遅くまで外で遊んでいるなど、家に帰りたがらない。

ステップ1　ヘルプの出し方の指導

☞困った時のサインの出し方を教えることが大切です。カードやシールの色分けで状況を報告できるようにすると、言葉で伝えられなくても状況の把握ができます。

- ・前日の夕食や朝食を食べなかった　→「赤カード」
- ・同じ服を3日以上着てきた　→「黄カード」
- ・お腹や頭が痛いと言ったが手当をしてくれなかった　→「青カード」

70　身体・身辺

お漏らしが頻繁にある

　宿泊学習や修学旅行が迫った時に、保護者から「我が子が夜におねしょを頻繁にしている。」と相談を受けました。学校で調べてみると、時々お漏らししていることもありました。高学年でもあり、何とか改善させてあげたいと思ってはいるものの、トイレ・トレーニングの方法が分かりません。

説明のポイント

☑ 膀胱の機能を病院を受診して確認
☑ 家庭と学校で共通したトイレ・トレーニング（定時排尿、水分統制）の実施
☑ 家庭と学校で水分摂取を規制

説明方法

ステップ1　膀胱の機能の確認

☞お漏らしの原因が、膀胱の機能障害であれば、トイレ・トレーニングの効果がありませんので、まず最初に病院を受診して確認します。

ステップ2　3者（本人、保護者、担任）でトイレ・トレーニング計画を確認

☞本人、保護者、担任とで、次頁に示したトイレ・トレーニング計画を確認します。重要なポイントは、①耐排尿時間の確認、②定時排泄、③水分統制です。
☞耐排尿時間を確認することで、夜中のトイレに行く時間を特定します。
☞定時排泄は、学校は45分、家庭は1時間を目安として開始し、徐々にその間隔を延ばしていきます。
☞水分統制することで、一定の排尿量となります。

ステップ2　記録表で定時排尿の時刻を記録

☞定時排泄では、家庭（保護者）と学校（担任）とで毎日、定時間隔で排尿を促すので、「記録表」などを活用して、何時に排尿したか記録を付けることが必要です。

時刻	場面	活動時間帯	トイレ	おもらし
6時30分	家庭	起床後	○	なし
7時40分	家庭	登校前	○	なし
8時30分	学校	登校後	○	なし
9時35分	学校	1時間目終了後	○	なし
10時25分	学校	2時間目終了後	拒否	なし
11時20分	学校	3時間目終了後	○	なし
12時15分	学校	4時間目終了後	○	なし
13時20分	学校	5時間目開始前	○	なし
14時20分	学校	下校前	○	なし
15時10分	家庭	帰宅後	○	なし
16時10分	家庭	テレビ	○	なし
17時20分	家庭	宿題	拒否	なし
18時30分	家庭	夕食前	○	なし

トイレ・トレーニング記録表
令和●●年●月●日　　●年●組　名前（●●　●●）

【トイレット・トレーニング計画の例】

項　目	期間	トレーニング内容	留意点（水分統制など）
耐排尿時間の調査	3～5日程度	【家庭】 ・家庭で就寝後に、保護者が1時間ごとに本人のパンツを触って、お漏らししているかを調査し、何時間まで耐えられるのかを把握します。 ・例えば、22時に就寝し2時にお漏らししていれば4時間、21時に就寝し3時にお漏らしすれば6時間になります。 ・3～5日間程度実施して「平均時間」を把握します。	【パンツ製品】 ・パンツは吸水性ではなく、お漏らしが分かるように綿製品にします。 ・綿パンツで不快感を教えます。 【お漏らし後】 ・お漏らしたと気づいたら、これまで通りの方法（新しいパンツに替える、トイレに連れて行く等）で対応します。
<第Ⅰ期> 定時排尿 （1校時ごとまたは1時間ごと）	月曜 ～ 金曜	【家庭での定時排尿】 ・起床後に、トイレに行かせます。 ・食事では、味噌汁を最大1杯分とします。 ・登校前に、トイレに行かせます。 【学校登校後の定時排尿】 （登校後、持参したペットボトルを保健室の冷蔵庫に保管） ・1校時から45分の授業が終わったら、毎回、トイレに行かせます。本人が「行きたくない。」「出ない。」と言っても、トイレに行くように促します。毎時間、トイレに行くことが重要です。 ・下校前にもトイレに行かせてから帰宅させます。 【家庭での定時排尿】 ・学校での下校前のトイレ時間を把握しておき、帰宅後、1時間ごとに、毎回トイレに行くように促します。 ・就寝直前には、必ずトイレに行かせます。 【家庭での就寝後】 ・特に、就寝時間は関係ありません。 ・就寝後は、本人の耐排尿時間になったら、必ず起こしてトイレに行かせます。例えば、22時に就寝し、耐排尿時間が5時間であれば、午前3時に起こします。 ・もし、お漏らししていれば、パンツを取り替えてトイレに行かせます。 ・起床後に、トイレに行かせます。	【家庭での水分統制】 ・朝の食事時では、味噌汁を1杯分だけにします。 注：ペットボトル500mLの水を持参して登校します。水筒では残量が見えないので、ペットボトルの方が効果的です。 【学校での水分統制】 ・学校では、水分を統制します。 ・水道水の飲料を禁止します。 ・喉が渇いたら、保健室に行かせて、持参したペットボトル（500mL）の水を飲ませます。 ・学校にいる時間は、500mL以内と制限します。 ・夏場や体育などの激しい運動の場合には例外としますが、ある程度制限します。 ・給食は、適量を食べさせます。味噌汁と牛乳も適量です。過度の摂取は禁止です。 【保護者等がいない場合】 ・帰宅後、保護者や祖父母がいない場合には、トイレに行く時間を教師が紙に書いて持参させたり、保護者が電話して教えるなどします。 【家庭での水分統制】 ・帰宅後は就寝まで、水・お茶・ジュースを合わせて計500mLまでにします。 ・夜の食事時では、味噌汁は1杯分だけにします。
<第Ⅱ期> 休日の定時排泄	土日	【家庭での過ごし方と定時排泄】 ・トイレット・トレーニング中は、できるだけ、遠くまでの外出を避けます。 ・起床後から就寝まで、1時間ごとにトイレに行かせます。本人が「行きたくない。」「出ない。」と言っても、トイレに行くように促します。毎時間、トイレに行くことが重要です。	【塾、スポーツ活動、外出等の場合】 ・休日に塾通い等で外出がある場合には、保護者が本人の定時排泄ができるように工夫します。
<第Ⅲ期> 定時排泄 （2校時ごとまたは2時間ごと）	月曜 ～ 金曜	・起床後から就寝前まで継続して、学校では2校時ごと（100分）、家庭では2時間ごとにトイレに行かせます。	

71　身体・身辺

清潔感がなく体のにおいがする

いつも口の周りが汚れていたり、目やにがついていたり、鼻水もよく出ています。また、手洗いや歯磨きはほとんどしていないようです。さらに、体や髪を洗ってこないので、においがします。

指導のポイント

- ☑ 本人に汚れの可視化
- ☑ 理想の人（好きな芸能人など）を設定し理想の自分を目指す
- ☑ 手洗い、歯磨き、身だしなみと順番に指導
- ☑ 入浴を嫌がる原因を探る
- ☑ 入浴をしない時のリスクと、その後の影響の説明

指導方法

ステップ1　正しい手洗いの仕方

☞正しく手を洗うことができるように指導します。まず、本人の手がどれだけ汚れているのかを知り、動画を使って歌いながら楽しく手洗いを覚えます。手洗いの手順は以下の通りです。

＜手洗いの指導手順＞
①本人の手に蛍光ローションをつけて揉みこんだ後に手を洗います。
②手を洗った後に、ブラックライトに当てて確認します。
③本人の手洗いの状態を写真で撮影して記録します（ビフォア）。
④「あわあわ手あらいのうた」の動画を見ながら手を洗います。
⑤手を洗った後に、再度ブラックライトに当てて確認します。
⑥改善された状態の手を写真で撮影します（アフター）。
⑦ビフォアとアフターの写真を本人に見せて確認します。
⑧手洗いの手順を覚えるまで教師と一緒に手を洗って手順を確認します。
⑨定期的に蛍光ローションをつけ、手洗いが定着できているかを確認します。

準備物

・蛍光ローション
・ブラックライト
・ハンドソープ
・「あわあわ手あらいのうた」の動画（花王ホームページよりダウンロード可能）

蛍光ローション

手の汚れの確認の様子

ステップ1 正しい歯磨きの仕方

☞正しく歯磨きすることができるように指導します。どれだけ歯磨きができていないのかを本人が知った上で、楽しく正しい歯磨きが定着するように指導します。歯磨きの手順は以下の通りです。

<歯磨きの指導手順>
①歯ブラシ、歯磨き粉を用意して歯を磨きます。
②染め出し液を綿棒につけ、手鏡を見ながら丁寧に歯に塗っていきます。
③コップに水を入れて2～3回うがいします。
④赤く染まった歯を手鏡を見て確認し、写真を撮ります(ビフォア)。
⑤歯磨きアプリを使って、正しい歯の磨き方を確認しながら磨きます。
⑥染め出し液を綿棒につけ、歯に塗ったあとでうがいします。
⑦赤く染まった歯(磨き残し)を確認し、写真を撮ります(アフター)。
⑧ビフォアとアフターの写真を本人に見せて確認します。
⑨正しい歯磨きの手順を覚えるまでアプリを使って一緒に磨いて確認します。
⑩定期的に染め出し液をつけて、歯磨きが定着できているかを確認します。

☞歯磨きアプリは複数あります。本人が気に入るキャラクターや音楽があるものを選ぶといいですね。お勧めは「5分歯みがき」です。

ステップ1 身だしなみを整える

☞手洗いや歯磨きが定着し、気持ちいいという感覚を本人が理解できるようになり、鏡を見て確認をすることが定着してから身だしなみ(顔や着こなし)についても指導していきます。身だしなみの手順は以下の通りです。

<身だしなみの指導手順>
①教師の洗顔前の目やにのついた顔をタブレット端末などで撮影します(ビフォア)。
　(本人の顔写真でも可能)
②写真を印刷し、目元、口元に〇印をつけて特に気をつけて洗う部分を示します。
　写真が嫌なら顔のイラストでも構いません。
③洗顔の方法を教師が示します。特に目元、口元を重点的に洗います。
④本人と一緒に目元、口元を重点的に洗います。
⑤タオルで十分に水分を拭き取ります(顔を拭く練習です)。
⑥拭き取った後で写真を撮影します(アフター)。
⑦タブレット端末などで撮影した写真を拡大して目元、口元に汚れが残っていないかを確認します。
⑧洗顔の練習を繰り返します。
⑨本人が洗顔の手順をある程度覚えたら、目元、口元の確認をタブレット端末の写真を使ったチェックから、鏡を使った確認に切り替えていきます。
⑩不定期に本人の写真を撮り、汚れがないかどうか確認します。
⑪洗顔の確認用紙を作り、保護者に協力してもらうと、なおよいですね。

> **ステップ1**　入浴を嫌がる原因追求

☞ シャワーがあたると痛い、石けんのにおいが嫌、タオルの感触がつらい、熱い・冷たい感覚が異なる、同じシャンプーしか使えないなど、触覚過敏の可能性を考え、本人に確かめる必要があります。
☞ 浴槽に髪の毛が浮いているのが気になる、湯気がこもるのが怖い、狭い場所が苦手、浴室環境への不安や過去に浴室に閉じ込められた、浴槽でおぼれかけたなどの嫌な経験がフラッシュバックしたり、トラウマになってしまったりしていることもあります。
☞ 入浴する際の手順が身に付いていないことや、入浴にはどのくらいの時間がかかるのか分からず、他にやりたいことを優先するということもあります。

> **ステップ1**　入浴への抵抗感の軽減

☞ 浴室内で好きな遊びができる、入浴後好きな飲み物がもらえる、入浴したらポイントを与え、ポイントがたまったら好きなものがもらえるなど、入浴したら良いこと（ご褒美）があるようにします。
☞ 毎日、できるだけ同じ時間に入浴する、入浴の流れをカードや絵図で示す、タイマーを使って入浴時間を決める（最初は浴室や浴槽に入るだけでもOKというところから始め、だんだん時間を延ばす）など、ルーティン化を徹底させます。

> **ステップ1**　入浴しないとどうなるかの理解

☞「不潔になる」「病気になる」「嫌われる」「くさい」という言葉を使っても、抽象的であるため、本人にとっては不利な状況が生じるとは思えないことがあります。「悪臭のする衣類のにおいを実際にかがせる」「かかりやすい病名を伝える」「友達とのかかわりがもてなくなる」など、入浴しないことで生じる状況をできるだけ具体的に知らせていく必要があります。

> **ステップ2**　学校で実施

☞ 体臭がきつく、友達が頻繁に教師に訴えてくる状況があったり、家庭でも指導できない場合には、学校で体を洗ったり、シャンプーで洗髪させたりします。

> **ステップ2**　理想の芸能人に近付く

☞ 本人が理想の自分に完全になりきることができるように、芸能人の写真などをラミネートして教室に貼るとよいです。
☞ 手洗い、歯磨き、洗顔、入浴、洗髪に成功するたびに、理想の芸能人の名前を連呼します。「○○みたいだね～！」「すてき！」と褒めまくります。本人になりきらせることを目指します。

72　身体・身辺

男性器を人前で露出してしまう

男子が性器を露出したり、人前で自慰行為をしたりします。何度叱っても繰り返してしまい、一向に改善しません。性の指導は、とても難しいです。

指導のポイント

- ☑ 性行動全般を成長の証と自己理解
- ☑ 問題となっている性行動が犯罪やマナー違反につながることの理解
- ☑ 性行動の結果の見通しをもたせて対処

指導方法

ステップ1　問題となっている性行動が犯罪、マナー違反につながることの理解

☞学習プリントを使って、課題となっている性行動による結果の見通しと具体的な対処法について理解させます。

☞プライベートな体の部分を理解させ、人前で性器を露出することは犯罪であることを理解させます。

【相手別に見せてもいい体の部分を考える学習プリントの例】

相　手	自分だけ	家　族	誰にでも
体の部分	性器		腕　顔

※生活年齢、発達年齢に応じて設定します。　※人のイラストを活用して伝えることも有効です。

ステップ2　性行動の結果の見通しをもたせて対処

☞問題となっている性行動の結果を具体的に理解させます。性行動の結果とともに、周りの人の気持ちを理解させます。問題にならない方法も理解させます。

性　行　動	周りの人	結　果
・人前で自慰行為をする。	見たくない、嫌な気持ちで警察に通報する。	「公然わいせつ罪」で逮捕される。（手錠のイラスト）

性　行　動	周りの人	結　果
・風呂場で自慰行為をする。	（周りに人はいない）	風呂を汚さなければ許される。

73　身体・身辺

生理の手当てができない

初潮を迎えた時に、どのように対応したらよいか分からずパニックになりました。その後も生理時の対処や体の変化に対して、戸惑う様子が見られます。

指導のポイント

☑ 生理時の対処法の手順を具体物や絵カードで示す
☑ 子供の発達状況による個別の指導

指導方法

ステップ1　生理のメカニズムと対処法を確認

☞初潮を迎える前に、下着やナプキン、ナプキンの状態（赤インク等でできるだけリアルにする）を知らせ、使い方や対処の仕方を練習します。ナプキンの当て方だけを教えても、血液を見た時に驚いて「ケガをした」「病気になった」とパニックになる可能性もあるため、模擬の物を使って教えます。
☞生理になった時に起こりやすい体の状態（生理痛、イライラ、だるさ等）を知らせ、落ち着いて保護者や養護教諭に伝えるということを確認します。

ステップ1　心身が変化することへの理解

☞性教育はかえって刺激をするのではないかという心配から、なかなか積極的に取り組めない場合があるかもしれませんが、養護教諭と協力しながら、第二次性徴期に見られる心身の変化についてしっかり指導します。

ステップ2　性行動や性犯罪に関する知識

☞男女交際や男女の性行動についても、「いけないこと」「隠すもの」という閉鎖的なイメージだけにならないようルールを教え、望まない妊娠や性犯罪に巻き込まれないように、「こうするとこうなる」ということを明確に知らせます。
☞性的な欲求は簡単には抑えられるものではなく、また否定するものではないため、「人前では裸にならない」「好きだと言われてもついていかない」などということを教えるとともに、気持ちが高まった時には「運動する」「音楽を聴く」など、他に集中できる活動をつくっておくようにします。
☞SNS等で誤った性に関する情報を得たり、自分の裸の写真を送ったりするなどが起こらないように、情報モラルについても指導します。

74 身体・身辺

容姿を気にして摂食障害になっている

友達に「太っているね。」と言われたことをきっかけに「アイドルのようになりたい！」と決め、その容姿に近づこうと食事を摂ることを極端に制限するようになりました。周りが説得しても食べようとしないため、極端に体重が落ちています。

指導のポイント

- ☑ 体重の極端な減少で起こる危険性の説明
- ☑ 誤った知識や認識の修正
- ☑ カウンセリングや医療機関の受診

指導方法

ステップ1　摂食障害の要因の理解と対応

☞ 摂食障害は拒食症と過食症とに分けられます。ダイエットを契機に発症することが多いようです。体重をうまく減らせると、一時的に達成感や充実感が得られ、さらに極端な食事制限や過食後の排出行動（嘔吐や下剤の使用等）を繰り返すという悪循環に陥ります。

☞ 一般的に自己評価や自己肯定感が低いことが多いため、痩せること以外に学習や行動等で自信のもてることや達成感を味わえるような機会を設けます。

ステップ1　治療と周りの対応

☞ 本人は、痩せることで満足しているため病気だという意識をもっていないことが多くあります。食べないことを責めるのではなく、痩せすぎは健康上の問題があるということを理解させ、家族と連携して医療機関の受診を促します。

☞ 摂食障害はストレスが関係していることも多いため、ありのままの状態を受け入れる（病気や不登校などを責めない）、周囲の人と比べない、できたことに注目して褒める、本人が安心できる環境を与えるなど、周りのサポートが大切です。

ステップ2　美に対する誤った知識の修正

☞ 理想的な身長と体重は何か（学童ではローレル指数[1]や標準体重との比、成人ではBMI[2]）を知らせ、体重の目標をはっきり示します。

1) ローレル指数は、学童の肥満の程度を表す指数です。

【計算式】ローレル指数＝体重 (kg) ÷身長 (cm)^3 × 10^7

指標	100 未満	100～115 未満	115～145 未満	145～160 未満	160 以上
判定	やせ	やせぎみ	正常	肥満ぎみ	肥満

2) ボディマス指数 BMI (body mass index：BMI) とは、成人の肥満度診断基準のことです。理想体重は、BMI = 22 です。

【計算式】肥満指数（BMI）＝体重 (kg) ÷身長 (m)^2

BMI	18.5 未満	18.5～25 未満	25～30 未満	30～35 未満	35～40 未満	40 以上
評価	低体重	普通体重	肥満（1度）	肥満（2度）	肥満（3度）	肥満（4度）

☞ BMI が 18 を下回る場合、モデルとしての活動が禁止されている国（フランス）があることや、痩せすぎによる命の危険性等を理解できるような情報を提示し、痩せることへのあこがれを軽減します。

☞ いろいろな体型の図を見せると、痩せすぎの図を理想としていることがあるため、理想的な体型の図や写真を繰り返し見せ、イメージを変えます。

75 身体・身辺

性同一性障害ではないかと悩んでいる

女子が「男の子になりたい。」と悩んで相談に来ました。中学校や高等学校の進学を機に、「スカートをはきたくない。」「排泄は男子トイレでしたい。」と打ち明けました。現在は、「学級のみんなにカミングアウトしたい」と思っています。どのように対応したらよいでしょうか。

指導のポイント

- ☑ 正しい認識をもつ
- ☑ カミングアウトの時期とリスクの検討
- ☑ 配慮や代替で一つ一つ解決

指導方法

ステップ1　正しい認識

☞ 性同一性障害は、「性同一性障害者の性別の取扱いの特例に関する法律」の第2条で以下のように定義されています。性が心と体で一致せず、違和感や嫌悪感が強く持続的に苦悩にある状態で、反対の性になりたいと強く望むことです。まず、教師が正しい知識をもち、それを子供に正しく伝えます。

> 「性同一性障害者」とは、生物学的には性別が明らかであるにもかかわらず、心理的にはそれとは別の性別であるとの持続的な確信を持ち、かつ、自己を身体的及び社会的に他の性別に適合させようとする意思を有する者であって、そのことについてその診断を的確に行うために必要な知識及び経験を有する二人以上の医師の一般に認められている医学的知見に基づき診断が一致しているものをいう。

☞ 人間には、3つの性（身体の性別、心の性別、性的指向）があるといわれています。LGBTとは、この3種類の中身の組み合わせの名称の頭文字をとったものです。正しい知識と多様性を理解していくことが大切です。

> L：Lesbian（レズビアン）身体と心の性別は女性で、性的指向も女性である人
> G：Gay（ゲイ）身体と心の性別は男性で、性的指向も男性である人
> B：Bisexual（バイセクシュアル）身体と心の性別を問わず、性的指向が両性である人
> T：Transgender（トランスジェンダー）身体の性別と心の性別が一致しない人

ステップ2　保護者の理解と納得

☞ 本人が保護者に打ち明けるまでには、相当な精神的苦痛を伴うはずです。多くの保護者は戸惑うのではないでしょうか。時間をかけて自分の考えを保護者に理解してもらいます。担任、管理職、養護教諭、その他関係する教師等を交えての話し合いを継続的にしていきましょう。

> **ステップ2**　カミングアウトのタイミングとリスク

☞ 『学校における性同一性障害に係る対応に関する状況調査』（文部科学省，2014）では、「秘匿していない」が22.4％です。また、『LGBTの学校生活調査』（いのちリスペクト。ホワイトリボン・キャンペーン，2013）」では、自分自身が性的少数者であることを小学校から思春期の頃に大半が自覚したが、男子5割、女子3割が誰にもそのことを話せなかったと回答しています。カミングアウトの相手は大半が同級生で、教員や親などの大人を選ぶ割合は低い傾向にあります。したがって、本人から相談された場合には、すでに友達に相談している事実があるのか、また、どこまで相談したのかを確認します。その相談内容によっては、友達も交えて面談を設定する必要があるでしょう。

☞ 小・中学校の時期に、学級全体にカミングアウトするには、様々な面でリスクが大きすぎます。『LGBTの学校生活調査』では、「全体の7割がいじめを経験し、その影響によって3割が自殺を考えた」「LGBTをネタとした冗談やからかいを84％が見聞きした」と回答しています。また、精神的・身体的に耐え切れず不登校になる場合もあります。保護者も交えた面談で、カミングアウトするリスクの大きさの十分に説明するとともに、学校生活での過ごし方を考えていきます。

> **ステップ2**　学校体制と学校生活上での配慮や代替

☞ 学校で配慮しなければならない点については、管理職、養護教諭、学年主任、体育担当教諭、担任が中心となって情報を共有することが必要です。

☞ 文部科学省（2016）では、各学校における配慮や代替について、以下のようにきめ細かな対応や実施について通知しています。本人と話し合って、一つ一つ解決していきましょう。

【性同一性障害にかかわる支援の例】

項　目	具体的な支援内容
服装	・自認する性別の制服・衣服や体操着の着用を認める。
髪型	・標準より長い髪型を一定の範囲で認める。（戸籍上男性）
学用品	・名前シールなどの男女の色分けをできるだけ避ける。 ・自認する性別のスリッパ着用を認める。
更衣室	・保健室や多目的トイレ等の利用を認める。
トイレ	・職員トイレや多目的トイレの利用を認める。
呼称の使用	・校内文書（通知表を含む）を児童生徒が希望する呼称で記す。 ・自認する性別として名簿上扱う。
授業	・体育又は保健体育では、別メニューを設定する。
水泳	・上半身が隠れる水着の着用を認める。（戸籍上男性） ・補習として別日に実施、又はレポート提出で代替する。
運動部での活動	・自認する性別にかかる活動への参加を認める。
修学旅行等	・1人部屋の使用を認める。 ・入浴時間をずらす。

76 薬物治療

てんかん発作の予防ができず発作が起こった

 学校の中で子供がてんかん発作を起こして倒れてしまいました。意識がもうろうとして顔色が急に悪くなってきました。以前も運動会の時にてんかん発作を起こしました。

指導のポイント
- ☑ 毎日服用していれば発作は稀少
- ☑ 抗てんかんの誘発(疲労・興奮・光るもの)に注意
- ☑ 発作直後に時計を見て救急車要請の判断
- ☑ 発作の観察の要点を把握して医師に報告

指導方法

ステップ1 てんかん発作の誘発

☞てんかん発作の誘因には、以下の3つが考えられます。学習活動中や終了後に誘発されて発作が起こるかもしれませんので、場面を把握しておきましょう。

誘因	場面
①睡眠不足(疲労など)	宿泊学習・運動会・宿泊学習などの行事、部活やスポーツ活動の後や次の日など
②興奮状態(拍手喝采、勝負事など)	ゲーム等での遊び、盛り上がっている活動、応援合戦など
③閃光や光の点滅(フラッシュなど)	写真撮影、アニメの画面、晴天時の水面や雪面など

☞上記の3つの誘因が合わさった学習活動には、「水泳」と「スキー」が考えられます。事前に指導体制を確認して対応します。

場面	対応
水泳	担任以外に養護教諭など監視人を付けます。(特に、入水から15分以内での発作が多くみられます)
スキー	眩しくないようにゴーグルを掛けさせます。

> **ステップ2**　緊急対応と経過観察

☞ てんかん発作が起きても、慌てないでください。死亡につながることはありません。基本的な対応は、以下の4つです。

①すぐに時計を見て時刻を確認します。
②本人を横向きに寝かせ、衣服をゆるめて休ませます。動かしてはいけません。
③養護教諭を呼びます。
④発作から5～10分程度様子を見ます。多くの場合は10分前後で回復します。意識が戻ったら保護者に連絡して、病院の受診を勧めます。

> **ステップ2**　救急車の要請判断

☞ 発作後から10分経っても回復しない場合には、すぐに管理職と養護教諭の判断の下、救急車を呼びます。保護者にも連絡します。なお、地域によっては、救急車が到着するまで時間がかかる場合がありますので、その時間を考慮して判断を早めます。

> **ステップ2**　観察の要点

☞ 観察の要点は、以下の7つです。記録を付けておいたり、医師に報告することも重要です。

①発作が起きた時間と状況、誘因になるものはなかったかどうか。
②意識障害の有無
③痙攣があった場合（どの部分、向き、突っ張り具合）、痙攣がない場合（いつ、どこで）
④発作の継続時間
⑤身体の変化（顔色、唇の色、唾液）
⑥発作後の様子（眠ったか、手足に麻痺があったか、ぼんやりして歩き回ったか等）
⑦ケガの有無

> **ステップ2**　処置の仕方

☞ てんかん発作が起こってしまったら、養護教諭や救急車が到着するまでの処置として以下のようなことが挙げられます。

・冷静になり、成り行きを見守りましょう。
・本人を背負って移動することはしません。
・床の上で、服をゆるめて楽にしてあげます。
・唾液が口の外に出やすいように、頭や体を横向きにするとよいでしょう。
・絶対に口の中にタオルなど物を入れてはいけません。
・発作後は休ませてください。必要ならそのまま眠らせます。

77 薬物治療

抗てんかん薬を飲んでいても発作が頻繁に起こる

「てんかん」の診断を受けている子供が薬を飲んでいても、頻繁に発作を繰り返します。毎日発作を起こしますが、担任としては、いつ発作が起きるか不安です。

指導のポイント
- ☑ 主治医の指示に従う
- ☑ 緊急の場合には座薬を使用
- ☑ てんかんが起きる誘因を分析して、発作の傾向をつかんで予防策
- ☑ 授業中や活動中にボーとしたり緩慢なのは、抗てんかん薬の副作用

指導方法

ステップ1　抗てんかん薬の効用と副作用

☞一般的に、抗てんかん薬の効用は服薬2時間後からあらわれ、副作用として、眠気、注意力・集中力・反射運動能力の低下などが見られます。授業中（午前〜昼）に動きが緩慢だったり、集中力に欠ける様子が見られるのは、副作用と考えられますので叱責・激励は禁止です。午後から夕方になると効用が薄れるので集中し活動的になります。夕方や夜に復習をすることをお勧めします。

☞薬は、デパケンやセレニカなどの全般発作、テグレトールやレキシンなどの部分発作を抑えるものがあります。テグレトール、レキシン、フェノバール、ランドセン等は認知能力が低下するため学習の遅れにつながることがありますので、学習成績の経過を見ていきましょう。

ステップ2　てんかんの要因分析と対応

☞分析は、以下の方法で実施します。（図1と図2を参照）

①記録する観点を明確にする。（発作の時間帯、発作の持続時間）
②記録する期間を決める。（約3か月間［100日］実施）
③記録を集計してグラフを作成する。
④グラフの特徴（発作の多い時間帯や持続時間など）をつかむ。
　（10時・12時・13時の発作が多い。3〜4分の発作が多い。）
⑤要因を考える
　（10時・12時・13時は学習活動の「切り替え」の時間であり、3〜4分で回復する。）

☞関係機関との共通理解を図ります。
・学部や学年、ティーム・ティーチングなど複数で指導している場合には、全員でてんかん発作の「特徴」「要因」を理解（確認）します。

☞対応策を以下のように考えます。

> 1．学習活動の切り替えができるように、見通しをもたせる。
> 2．学習活動の切り替えの時間帯に、てんかん発作を誘発をさせないようにする。
> 　（興奮させない、疲労度を確認する）
> 3．発作は4分以内で終わるので、1～2分の場合には、4分まで時間を引き延ばしてゆったりと回復させる。

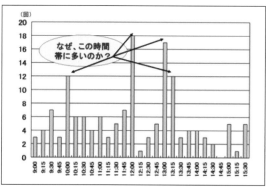

図1　てんかん発作が起きた時間帯（3か月累計）

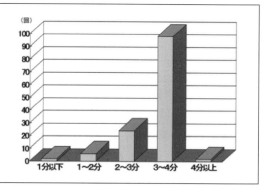

図2　てんかん発作の持続時間（3か月累計）

ステップ3　てんかんの種類と特徴

☞てんかんの種類とその特徴を以下に示しました。本人のてんかんの型により、主治医は薬を選択することになります。てんかん発作の種類と特徴（症状）を理解しておきましょう。

発作の種類	特徴（症状）
欠神発作	意識欠損が主体で突然始まり突然終わる。数秒から数十秒の長さ。過呼吸時に誘発される。
非定型欠神発作	欠神発作とほぼ同じであるが、発作の始まりや終わりが不明確である。
ミオクロニー発作	欠神発作とほぼ同じであるが、発作の始まりや終わりが不明確である。
間代発作	規則的で対称性の四肢の痙攣。律動的な動きがある。
強直発作	筋緊張が亢進（強直）。強直したまま激しく倒れるので、ケガに注意。レンノックス・ガストー症候群が代表的である。
強直間代発作	突然に意識を喪失し、全身の骨格筋を両側性・対称性に細かく震えるような強直性に続いて、間代発作へ移行。昏睡状態。一般に大発作と呼ばれる。
脱力（失立）発作	瞬間的に筋緊張が失われて頭部を前屈したり膝を折って転倒。強直発作やミオクロニー発作が先行することがある。
スパスム	瞬時又は数秒以内の全身性の筋強直。何回も回復する。電撃・点頭・礼拝発作。ウエスト症候群が代表的である。

78 薬物治療

抗ADHD薬を飲んでいても落ち着かない

「ADHD」の診断を受けて薬物治療をして子供がいますが、落ち着いている日と、落ち着かない日があるようです。薬が効いていないのでしょうか。また、午後になると急にトラブルを起こす子供もいます。担任としては、薬の知識がないのでよく分かりません。

指導のポイント

- ☑ 薬物療法の他に環境調整や行動療法も必要
- ☑ ある程度の薬の知識（薬名・効果・副作用等）を習得
- ☑ 薬が効かない要因を探る
- ☑ 主治医との連携とセカンドオピニオンの検討

指導方法

ステップ1　環境調整・行動療法・薬物療法の3つが重要

☞ 担任は、服薬が始まると安心してしまうことがあります。服薬が全て効果的になるとは限りません。子供が適応するためには、「環境調整」「行動療法」「薬物療法」の3つが重要です。

☞ 学習環境では、学校内外の環境を整えることです。例えば、座席の配置、休み時間の過ごし方、学習内容、宿題の量、部活動での練習内容やルール、学習塾や放課後児童クラブ等での課題量や過ごし方などです。

☞ 行動療法とは、本人の問題になっている行動を改善する手法です。例えば、本人の問題行動を列挙して自覚させ、ルールを決めて、その問題行動が良くなれば（守ることができれば）褒める、悪くなれば（守ることができなければ）ペナルティを課すなどして問題行動を減少させます。

ステップ2　抗てんかん薬の種類

☞ 担任や養護教諭は、薬についてある程度の知識（薬名・効果・副作用等）を習得し、本人、保護者、医師をサポートしていく必要があります。

☞ 抗ADHD薬には、「コンサータ」「ストラテラ」「インチュニブ」、そして、最近開発された「ビバンセ」の4種類があります。この薬の特長については、以下の表にまとめました。

【抗ADHD薬の種類と特長】コンサータ（メチルフェニデート）

用途	・脳の覚醒により、不注意・多動性・衝動性の全てを改善する。
用量	・18mg（黄色）、27mg（灰色）、36mg（白色）の3種類。 ・小学生は上限45mg、中学生は上限54mg。体重に基づく。
効果の持続	・即効性があるが、持続時間が10～12時間で、すぐに効果が落ちる。 ・朝7時に服薬すると、15時過ぎには効き目が弱くなり、児童クラブや部活でトラブルが発生するので対人関係に留意する。 ・家庭にいる時間（朝、夕方～夜）は、ほとんど効いていない。
副作用	・食欲不振、不眠、体重減少、頭痛、腹痛、悪心、嘔吐、口渇など。 ・給食は少食となり、体重減少につながる。

ストラテラ（アトモキセチン）

用　途	・脳の覚醒なしに、不注意・多動性・衝動性の全てを改善する。
用　量	・5mg、10mg、25mg、45mg の4種類。カプセルと液体薬剤 0.4%（内服液）。 ・体重に基づき1日分の用量を2回に分けて服薬する。上限は体重の1.2倍。
効　用	・効果発現は、6〜8週間と時間を要す。 ・持続時間は、毎日服用していれば途切れることなく1日中効果が持続する。
副作用	・食欲不振、不眠、頭痛、腹痛、悪心、嘔吐、体重減少など。

インチュニブ（グアンファシン）

用　途	・神経の緊張を緩和し多動性・衝動性・攻撃行動を改善する。不注意に効かない。
用　量	・1mg、3mg の2種類。白色の円形の錠剤。 ・体重 50Kg 未満は1日1mg。維持3mg。上限5mg。
効　用	・効果発現は、1〜2週間とやや時間を要す。 ・持続時間は、毎日服用していれば途切れることなく1日中効果が持続する。
副作用	・傾眠、血圧低下、頭痛、腹痛、体重増加、倦怠感等。 ・授業中に眠くなったり、体重増加に留意する。・食欲不振や睡眠障害はない。

ビバンセ（リスデキサンフェタミンメシル酸塩）

用　途	・コンサータで効果が不十分な場合に限定して使用する。 ・不注意・多動性・衝動性の全てを改善する。
用　量	・20mg、30mg の2種類。カプセル。 ・小児は、30mg を1日1回服薬する。上限70 mg。
効　用	・即効性がある。
副作用	・食欲不振、不眠、体重減少、頭痛、悪心等。 ・覚醒剤の原料に成り得る成分が含まれているため、流通管理を義務付けている。 ・ADHD の診断・治療に精通した医師に限り、取り扱いができるようにしている。

ステップ2　抗ADHD薬の効用と副作用

☞ 抗ADHD薬の効果のイメージを図に示しました。コンサータは、即効性があり、その日から効く場合もあります。しかし、10〜12時間の効用なので15時過ぎには急激に効き目が弱くなります。したがって、学習塾、放課後児童クラブ、部活動などでトラブルが発生する可能性があります。保護者から「家庭では効き目がない」という訴えもありますが、「朝や夜に効き目がなくなる」ことを伝えましょう。インチュニブは1〜2週間、ストラテラは2〜3か月と効果があらわれるまで時間がかかります。効き目も一定で弱いです。

☞ コンサータの副作用は、昼食時に"少食"となります。給食の盛り付けの配慮、夕食の過食に注意します。ストラテラの副作用は、"頭痛、腹痛"を訴えることがあります。インチュニブの副作用として、授業中に"眠くなる"ことがあります。

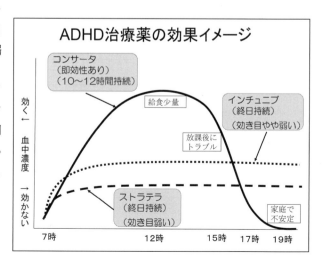

> **ステップ2**　薬が効かない要因を探り対応

☞ 薬物治療をしているわけですから、薬が効かなければ意味がありません。結果的に薬が効いて、本人の問題行動が改善されて学力も身に付き、安定した生活を送ることができるようにします。もし、依然として不適応な状況が続けば、教師は「何かがおかしい」と感じてください。それには、いくつかの要因が考えられますので再確認してください。要因が分かったら、その対応をしましょう。保護者、担任、主治医等が協力し支援することが必要不可欠です。

☞ 本人や保護者は、病院で服薬を勧められて薬の説明を受けますが、主治医の説明を十分に理解できなかったり、服薬を拒否したり飲み忘れてしまうなど、薬物治療を重要視しない場合があります。そこで担任や養護教諭は、薬についてある程度の知識（薬名・効果・副作用等）を習得し、本人・保護者に対して不適応状況が継続し改善されていないことなど、服薬の必要性を促していくことが重要となります。

【薬の効用が認められない場合の要因と担任のサポートの例】

<本人・保護者のこと>
①本人・保護者は、主治医から十分な薬の説明（服薬理由、薬名、効用、副作用など）を受けましたか？
　→薬の知識や理解といった、「自己理解」や「納得」がないと、薬自体がどんなものか分からなかったり、薬への不信感が募ります。
　⇒ インフォームド・コンセント（十分な説明と納得）として、再度医師から説明を受けます。

②本人・保護者は、服薬に対して抵抗を示していませんか？
　→保護者は、親同士やインターネットからのマイナス情報が入ってきたり、本人の状況が思わしくなかったり改善されない場合（体重減、本人らしさがなくなる、嘔吐などで薬が合わない、効き目が分からない等）には、さらに強い不信感を抱き、勝手に薬を止めたり、量を減らしたりします。
　⇒ 抗ADHD薬の特長を参考に、発現時間、持続時間、効用、副作用を説明します。
　⇒ 病院の受診により、薬量の調整や薬剤の変更を勧めます。

③本人は、その日によって、薬を飲んだり飲まなかったりしていませんか？
　→薬への抵抗力が弱くなって、効き目が薄くなります。
　⇒ 毎日継続することにより、効果があらわれることを説明します。

④保護者は、朝の登校前に本人に急かしたり怒ったりしていませんか？また、本人は、登校中や授業開始前に友達と言い争っていませんか？
　→薬（コンサータ）は、効果があらわれるまで約2時間かかります。効果が出始める前に、感情が不安定になると薬の効果があらわれにくい場合があります。
　⇒ 起床後、安定して準備し、ゆったりとした気持ちで登校させます。

⑤保護者は、放課後（塾、児童クラブなど）や帰宅後に暴れたりトラブルになるなど、問題行動が出やすくなったと訴えていませんか？
　→特にコンサータの効果は12時間位ですので、朝7時に服薬すれば17時頃には効果がなくなってしまいます。
　⇒ 必要な場合には、受診して第2薬も検討します。

<担任・教科担当のこと>

①担任・教科担当は、本人が服薬し始めた時から薬量を調整するために、学校での様子を保護者や主治医に報告しましたか？
　→一般的に、初回の服薬日数は 15 日分、2 回目も 15 日分、3 回目以降は 1 か月です。このような期間で、主治医の診察を受けながら、本人の服薬適正量を決めていきますので、服薬後、毎日記録（行動観察）して、その結果を保護者から主治医に報告します。
　⇒ 本人・保護者の許可を得て、受診日に病院へ同行します。

②担任・教科担当は、本人に薬が効いているか否かを評価（説明）しましたか？
　→特に低学年の場合には、薬の効果をあまり実感していません。実感していないと、良くなっているのかが分かりません。
　⇒ 「今日は落ち着て勉強しているね。薬が効いているよ。」と評価（説明）します。
　⇒ 「今日はいつもと違うよ。薬を飲んでこなかったのでは？」と評価（説明）します。

ステップ3　抗 ADHD 薬以外の適用外使用の薬

☞子供の症状によっては、抗 ADHD 薬以外に"適用外使用"として、抗てんかん薬、抗精神病薬、抗うつ薬などは、ADHD における高揚気分や興奮、衝動的行動や攻撃的行動の治療に適用外として用いられることがあります（井上，2014）。

種　類	薬品名（商品名）	効用・特徴
精神安定薬 （抗精神病薬）	リスパダール エビリファイ セレネース	抗精神病薬とも呼ばれ、統合失調症の他、チック障害や衝動性の軽減にも適応外使用されることがある。
気分安定薬 （躁鬱）	デパケン リーマス テグレトール	双極性障害に用いる。血中濃度を測定して中毒量でないことを確認しながら処方する。
抗うつ薬	ルボックス デプロメール ジェイゾロフト アナフラニール	パニック障害、社交不安障害、強迫性障害にもの適応のある薬剤が含まれる。
抗不安薬	リーゼ ソラナックス セルシン	依存性に配慮しながら慎重に処方する。
抗てんかん薬	デパケン テグレトール アレビアチン	デパケンとテグレトールは、衝動性の軽減にも使用されることがある。

ステップ3　主治医を変更

☞薬物療法を守っていても効果がない場合があります。その際は、思い切って主治医の変更を検討することを保護者に勧めます。"セカンドオピニオン"の考え方です。

79 薬物治療

様々な薬を飲んでいる

子供たちの中には、様々な疾患を抱え、それを治療・改善するために服薬していることもあります。最近は、薬が多種多様になる一方で、個人情報の保護により、学校に伝えないことも少なくありません。

指導のポイント

- ☑ 薬について本人と保護者から情報収集
- ☑ 配慮や奇声について主治医と連携
- ☑ 医療行為の代行は書面で確認

指導方法

ステップ1 子供や保護者から情報収集と提供

☞ 子供が服薬しているのに、保護者からの情報がない場合には、直接、本人から情報を得るようにするとよいでしょう
☞ 保護者から服薬について伝えられた場合には、その内容を詳細に把握します。また、学校での様子について連絡帳等を通して保護者に報告します。

ステップ2 主治医との連携

☞ 疾患のための配慮や制限が必要な場合には、保護者の同意を得て、担任や養護教諭が受診時に付き添ったりするなど、主治医と連携します。

ステップ2 医療行為の代行

☞ 薬の管理と服用を本人・保護者に代わって担任や養護教諭がすることがあります。その場合には、本人・保護者との合意に基づき、校長名の下に書面で「医療行為の代行」を作成（署名捺印）し、養護教諭と連携しながら実施します。また、修学旅行など宿泊を伴う行事の時にも同様で、「医療行為の代行」を明確にします。

ステップ3 代表的な薬の種類と特長

☞ 子供たちの中には、様々な疾患を抱え治療・改善するために服薬していますが、多種多様にあります。代表的な疾患と薬、その特長について次頁の表に示しました。担任として常に心掛けなければならないことは、「薬の効用があるか」「副作用の影響はあるか」「授業中での配慮は何か」などです。もし、薬についての合理的配慮が必要な場合には、本人・保護者と合意形成（確認）して、個別の教育支援計画に明記することになります。

【代表的な疾患名と薬名、特長と効用】

疾患名等	薬品名・商品名等	特長・効用
アトピー性皮膚炎	副腎皮質ホルモン薬（ステロイド）、免疫調整薬のタクロリムス（プロトピック）	皮膚のかゆみや炎症を防ぐ。かゆみ止めの抗ヒスタミン薬や抗アレルギー薬などが用いられることもある。
気管支喘息	①長期管理薬（抗炎症薬の吸入ステロイド薬、気管支拡張薬の長時間作用性吸入$β_2$刺激薬、ロイコトリエン受容体拮抗薬、テオフィリン徐放製剤、抗IgE抗体）、②発作治療薬（短時間作用性吸入$β_2$刺激薬）	「発作が起こらないようにする薬」と「発作を鎮める薬」を使い分ける。喘息の治療薬は、内服薬、吸入薬、貼り薬、注射薬などがあり、吸入薬が主に用いられる。
アレルギー性鼻炎（花粉症、ハウスダスト）	①内服薬（抗ヒスタミン薬、抗ロイコトリエン薬）、②点鼻薬（鼻噴霧用ステロイド薬）、③点眼薬（抗ヒスタミン薬、ステロイド点眼薬）	くしゃみ、鼻水、鼻のかゆみ、鼻づまりなどが起きるのを防ぐ。薬物治療の他に、手術治療、減感作治療などがある。
結膜炎	市販薬（ロート抗菌目薬、抗菌アイリスa、ロート・アルガードクリアブロックEX、サンテ・アルフリー、アイリスAGガードなど）	結膜に起こった炎症で、目のかゆみ、赤く腫れているのを防ぐ。結膜炎には、ウィルス性結膜炎、アレルギー性結膜炎、細菌性結膜炎の3種類がある。
中耳炎	①抗生剤、②点耳薬、③解熱鎮痛薬 悪化した場合には、鼓膜の切開や鼓膜チューブ留置手術	鼓膜の奥に細菌やウィルスが入り膿が溜まるのを防ぐ。中耳炎には、急性中耳炎、滲出性中耳炎の2種類がある。
チック症 トゥレット症候群（慢性化）	向精神薬（ハロペリドール）生活指導（不安感を除く、興味に向ける）	まばたき、首振り、肩すくめ、顔しかめなどを防ぐ。チック症は、動きが中心の「運動チック」と発声が中心の「音声チック」の2種類ある。
低身長症 小人症	成長ホルモン剤（テストステロン、エストロゲン）整形外科による骨延長術	不足しているホルモンを補うことで症状を改善する。成長ホルモン分泌不全性低身長症、ターナー症候群、軟骨無形成症、プラダーウィリー症候群、ヌーナン症候群、慢性腎不全、甲状腺機能低下症などがある。
糖尿病（Ⅰ型・Ⅱ型）	インスリン製剤（注射薬）、SU薬、速効型インスリン分泌促進薬、α-グルコシダーゼ阻害薬、ビグアナイド薬、インスリン抵抗性改善薬など	血糖降下薬は、すい臓からのインスリンの分泌を増やし、インスリンの働きを高める。ブドウ糖が体内に入るスピードを遅くして血糖値を下げる。
食物アレルギー ハチ刺傷	エピペン（緊急注射用）	ショック症状に対する緊急補助治療。アドレナリンには、気管支を広げる作用や心臓の機能を増強して血圧を上昇させてショック症状を改善する。
起立性調節障害	ミドドリン塩酸塩（メトリジン）、プロプラノロール塩酸塩（インデラル）、ジヒドロエルゴタミンメシル酸塩錠、アメジニウムメチル硫酸塩（リズミック）	効果のあらわれ方には個人差があり、実感まで1〜2週間かかる。血管を収縮させて、血圧を上げる作用がある。血管を収縮させて、起立時に血液が下半身に溜まるのを防止する。
精神神経症状（イライラ感、不眠）	抑肝散（漢方薬）	神経の高ぶりを抑えることで、体がほぐれ、睡眠も良質となるので、疲れが取れ、日々活動的になる。気分が上向き、イライラしないため余計なストレスを感じなくなる。

80 不登校

不登校の予防対策が効果的になっていない

毎年、連休明けや長期休業後に学校を休む子供が増えたり、また、小学校高学年頃から体調不良を起こして遅刻したり学校を休む傾向の子供がいます。学校・学級としては、不登校の予防はしているものの、あまり効果がありません。

指導のポイント

- ☑ 不登校になるパターンの再確認
- ☑ 不登校になりそうな子供をピックアップ
- ☑ 過去に失敗したケースや成功したケースの徹底分析
- ☑ 不登校予防対策マニュアルの作成

指導方法

ステップ1　不登校対応への本気度を示す

☞毎年、不登校を多く出す学校・学級には、学校体制の初動の遅さや教師の意識の低さがあります。不登校対策をしているかもしれませんが、本気度が足りないような気がします。学校の重点目標として「不登校数減少」などのスローガンを掲げて取り組む必要があります。

ステップ1　子供の反応を見逃さない

☞教師の子供を「見抜く力」が必要です。些細なことでも"おかしい""違う"と気づく感覚が重要です。例えば、毎日簡単にできる不登校対策としては、朝、子供に「おはよう」と声掛けします。その時の子供からの返事で変化を見抜きます。"声が低い""返事が遅い""声に張りがない"等、毎日声掛けしていれば、その変化に気づくはずです。いつもと"おかしい""違う"と気づいたら、「どうしたの？」とさらに声掛けしましょう。時間を見つけて、個別面談することも必要でしょう。

ステップ1　失敗・成功したケースの徹底分析

☞学校では、過去に不登校が改善されないケースについて、「なぜなかなか改善されなかったのか」「手立ては本当に良かったのか」「別の方法はなかったのか」など、一方、改善されたケースについて、「うまくいった手立ては何か」「改善のポイントは何か」など、会議の中で徹底的に分析することが必要です。過去の事例を活かすことが重要です。

ステップ1　不登校の要因やパターンの確認

☞不登校の子供には、様々な要因やパターンがあります。それを「不登校予防対策チェックシート」など（次頁参照）で確認することが必要です。そして、それに当てはまる子供を明確にして、学校全体で共有することが必要です。

【不登校予防対策チェックシートの例】

<本人に関すること>
□過去（昨年まで、小学校時）に、不登校（欠席30日以上）であった。
□過去（昨年まで、小学校時）に、欠席が7日以上であった。
□過去（昨年まで、小学校時）に、不登校傾向や学校不適応になっていた。
□過去（昨年まで、小学校時）に、保護者が学校まで送ってきていた。保護者が教室で参観していた等の母子分離不安があった。
□発達障害があり、不適応の状態が見られる。
□特に強い内向性自閉気質があり、孤立したり対人関係が上手に築けない。
□体調不良（頭痛、腹痛、だるい等）があり、保健室に駆け込むことが多い。
□友達からのいじめ被害や阻害を受けやすい。
□神経質、まじめ、責任感が強い等の気質を持っている。
□少人数の学校から大人数の学校に進級または転校し、なかなか馴染めない。
□最近、学力が急に下がり、学習に追いついていけない。
□長期休業後に、身なりの変化が見られる。
□深夜までゲームやインターネットをして、不規則な生活をしている。
□「おはよう」と声掛けした際に、覇気のある返事が返ってこない。

<家庭・保護者に関すること>
□兄弟姉妹が現在または過去に、不登校・不登校傾向になっていないか。
□保護者が現在または過去に、精神不安定（躁うつ傾向）になっていないか。
□保護者が小・中学校時代に、不登校・不登校傾向になっていないか。
□家庭状況が急変（離婚、不仲、経済状況、病気入院など）していないか。
□保護者が子供の教育に熱心でない、無頓着である。
□保護者が子供に対して、指導したり強く言えない。

ステップ2　不登校予防対策マニュアルの作成

☞各学校では、『避難（火災、地震、津波等）訓練マニュアル』を明確に作成して全教師が確認しているのに対して、『不登校予防対策マニュアル』を作成していることは極端に少ないようです。これでは、教師の意識もバラバラで初動体制が取れません。是非とも作成して全教師で確認したいものです。例えば、「欠席したら必ず家庭に電話連絡して様子を聞く」「欠席が連続3日で家庭訪問する」「欠席10日で生徒指導会議を実施する」などです。

不登校予防対策マニュアルの例	
1日目：電話連絡	8日目：電話連絡
2日目：電話連絡	9日目：電話連絡
3日目：電話連絡、登校後に本人面談の実施	10日目：<u>生徒指導会議の実施、本人面談の実施</u>
4日目：電話連絡	15日目：<u>「本人参加型不登校改善会議」の要請</u>
5日目：電話連絡、家庭訪問の実施、「欠席簿」の使用	20日目：<u>「本人参加型不登校改善会議」の実施</u>
6日目：電話連絡	29日目：<u>本人面談・保護者面談</u>
7日目：教育委員会に報告、保護者面談の実施	30日目：<u>教育委員会に報告</u>

ステップ3　校舎内に「連続登校」を掲示

☞子供たちに不登校予防を意識させプレッシャーをかけます。例えば、学校の玄関口や教室など目立つ場所に、「**本日で連続全員登校〇〇日目**」と掲示します。

81 不登校

不登校（欠席30日以上）になるのを防ぎたい

子供が時々学校を休み、合計すると30日を超えてしまいそうです。その都度、担任としては、本人や保護者に声掛けしていますが、ズルズルと欠席が積み重なっています。このままだと不登校（欠席30日以上）になってしまいます。どのような手立てが効果的なのでしょうか。

指導のポイント

☑ 欠席の要因（①起立性調節障害、②いじめ等による被害意識、③内向的な気質による対人関係、④保護者と同様な精神疾患の気質、⑤家庭教育力の未熟）を調査し対応

☑ 『欠席簿』を活用して欠席日数を確認

指導方法

ステップ1　本人に欠席の要因を確認

☞ 欠席がなかなか改善されないのは、「何かの要因」があるからです。単なる風邪などの体調不良であれば一過性であり問題ありませんが、欠席が頻繁に見られたり継続する場合には、不登校につながりますから、本人に確かめることが重要です。不登校傾向の要因としては、具体的に、①起立性調節障害の疑いがある、②いじめ等による被害意識がある、③本人に内向的な気質があり、コミュニケーション等で対人関係に問題がある、④保護者と同様な精神疾患系の気質がある、⑤家庭教育力の未熟さや低さがある、などが挙げられます。要因を明確にして再度対応しましょう。

ステップ2　『欠席簿』をつけて残り日数を確認

☞ 筆者が関わった不登校面談では、約7割以上で「不登校が計30日以上だとは知らなかった」ことが判明しました。これは担任が本人・保護者に教えていないということになります。本人・保護者へ明確に欠席日数を教えることが重要です。

☞ 教師の「年次休暇簿」と同様に、不登校傾向の子供にも『欠席簿』を作成して記載させます。この『欠席簿』では、不登校にならない計29日まで「残り日数」を確認することができるので歯止めになります。活用方法は、登校してきた日に『欠席簿』を本人に書かせ、それを家庭に持ち帰らせて保護者にも確認していただきます。この他に、『遅刻簿』や『早退簿』も作成するとよいでしょう。

欠席簿（年間29日まで）

年　　組　名前（　　　　　）

月　日	休んだ理由	欠席合計日数	残り日数
4月16日（火）	頭が痛い	1日	28日
4月26日（金）	体のぐあいが悪い	2日	27日
5月10日（月）	朝、起きられない	3日	26日
5月11日（火）	〃	4日	25日
5月12日（水）		5日	24日
5月30日（木）	何となく、だるい	6日	23日
6月 3日（月）	調子が悪い	7日	22日

82 不登校

不登校（欠席30日以上）で長期欠席となっている

子供が登校時間に遅れてきたり、時々欠席するようなり、ついに30日以上欠席して不登校になってしまいました。その後、欠席が長期化し、ひきこもり状態のようです。学校には、始業式や終業式の日の午後に登校する程度です。なかには、修学旅行や部活動のみに参加する子供もいます。

指導のポイント

☑ 月1回程度は家庭訪問して本人確認
☑ 欠席の意思表示として『欠席届』を提出
☑ 関係機関との連携（個別検査の受検、病院の受診、専門家との面談）

指導方法

ステップ1　本人確認

☞ 欠席が長期にわたり、ひきこもり状態の場合には、月1回程度、担任が家庭訪問して本人（安否）確認をします。担任の家庭訪問を拒否している場合には、電話で本人を呼び出して確認をします。

ステップ2　無断欠席をさせない『欠席届』の提出

☞ 欠席が長期化すると、本人や保護者は学校に欠席の連絡をしなくなります。これでは"無断欠席"となります。将来、社会人になった時には、無断欠勤をしてしまいます。自分勝手な行動や考え方をするようになります。そこで、月末に家庭訪問して、「来月は欠席するか否か」を自己選択・自己決定させます。家庭訪問時には、『年間行事予定表』と『欠席届』（125頁参照）を持参します。

ステップ2　欠席の自己選択・自己決定

☞ 欠席が長期にわたる場合には、自分で考える力が弱まっています。時には、全て保護者が決めてしまい、言いなりになることもあります。そこで、欠席の確認では、学校に「登校する」「登校しない」を二者択一で選択させます。選択させる場合には、本人に考える時間を数分間与えます。

☞ 「登校する」と意思表示した場合には、「いつ」「何時」「学習場所」を具体的に決めていきます。この場合にも、選択肢を示して自己選択・自己決定させるようにします。本人が沈黙して何も言えない、決定できない場合には、最終的に「本人に代わって担任が決める」ことを伝えます。自分の意見が言えなかったり受け入れられなかった場合には、一般的に「多数決の原理に従う」「意見を述べた内容に従う」ことを本人に教えます。以下には、面談の例を示しました。

＜パターン1（全部休む場合）の面談例＞

教師：「ところで、Aさん、来月は、全部休みますか？　それとも何日か学校に来ますか？」
本人：「全部、休みます。」
教師：「分かりました。全部休むのですね。それでは、校長先生にそのことを伝えて認めてもらいますから、この『欠席届』に書いて提出してください。」

本人	:「はい、分かりました。」（欠席届に記入して担任に渡す）
教師	:「それでは、この『欠席届』を校長先生に提出して、来月の欠席を認めてもらいます。」

<パターン２（「行きます」と言った場合）の面談例>

教師	:「ところで、Aさん。来月は全部休みますか？　それとも何日か学校に来ますか？」
本人	:「学校に行きます。」
教師	:「何日ぐらい来ますか？」
本人	:「３日くらい。」
教師	:「ここに『年間行事予定表』（または来月の予定表）があるので、これを見て、いつ学校に来るのか、３日間の日にちを教えてください。」
本人	:「この日と、この日と、この日かなぁ。」
教師	:「Aさんが決めた日の行事予定表に丸印を付けます。」
教師	:「それでは、その日の何時ごろ学校に登校して、その後、どこの場所で勉強をしますか？　適応指導教室、学校の相談室、保健室、教室がありますよ。」
本人	:「〇月〇日は、10時頃に登校して相談室に行きます。△月△日は、朝から教室に入るかなぁ。□月□日は、まだ分かりません。」
教師	:「まだ、分からない日の登校時間については、今度登校した時に決めたり、前日に電話するので決めておいてくださいね。」
教師	:「Aさんが来月３日間も学校に登校するということを話してくれました。この行事予定表に書いておきますね。」（朱書きする）
教師	:「それでは、〇月〇日10時頃に、学校に登校して相談室で勉強することを決めたので、相談室の先生にも話しておきます。」

<パターン３（本人が決められない場合）の面談例>

教師	:「ところで、Aさん。来月は、全部休みますか？　それとも何日か学校に来ますか？」
本人	:「…。」
教師	:「分かりました。それでは、（紙を出して）この紙に、【来月は、全部学校を休みます。】【来月は、何日か学校に登校します。】と書くので、どちらかに丸を付けてください。それでは、どうぞ。」
本人	:「…。」（２〜３分くらい考えさせる）
教師	:「もう一度言います。どちらかに丸を付けてください。どうぞ。」
生徒	:「…。」（２〜３分くらい考えさせる）
教師	:「もう一度言います。どちらかに丸を付けてください。１分以内で考えてください。」
教師	:（１分後）「どうぞ。」
本人	:「…。」
教師	:「それでは、最後です。どちらかに丸を付けてください。もし、１分以内に丸を付けられなかった場合には、Aさんに代わって先生が丸を付けます。先生に丸を付けられるのが嫌なら自分で丸を付けてください。」
教師	:「（１分後）どうぞ。」
本人	:「…。」
教師	:「それではAさんが決められなかったので、先生が決めます。」
教師	:「（少し考えて）先生は、【来月は、何日か学校に登校します。】に丸を付けました。Aさん、これでいいですか？」
本人	:「…。」
教師	:「今度は、学校に何日間、学校に登校のかを決めます。

＊以下は、具体的に登校する日、時間、場所などを決めていく。パターン２参照。

欠 席 届

〇〇市立〇〇中学校
　校長　△△　△△　様

　　私は、下記の理由により、当分の間、欠席いたしますので、認めていただくようにお願いいたします。

　　期間　　令和〇年〇月〇日～令和〇年〇月〇日
　　理由　　体調不良のため

　　　　　　　届出日　令和〇年〇月〇日
　　　　　　　　　　　〇〇市立〇〇中学校
　　　　　　　　　　　〇年〇組　　△△　△△

登 校 確 認

どちらかに、〇をつけてください。

　　来月は、全部学校を休みます。

　　来月は、何日か学校に登校します。

学習場所の確認

どちらかに、〇をつけてください。

　　適応指導教室（教育相談センター）
　　学校の相談室
　　保健室
　　教　室

83 不登校

別室から学級復帰ができないでいる

子供が別室（相談室等）に登校しています。この子供を何とか学級に復帰させたいと考えています。本人も学級復帰を望んでいて、何度か試みてはいるものの、なかなか思うようにいきません。

指導のポイント

- ☑ 学級復帰できるか否かは、学習能力と適応能力の見極め
- ☑ 別室で「先取り学習」と「ソーシャルスキルトレーニング（SST）」の実施
- ☑ 個別検査の実施で知能指数と認知能力の偏りを把握

指導方法

ステップ1　学級復帰させるために親しい級友と給食を共に

- ☞休み時間、別室に学級の中で本人に親しい友達を呼び寄せ、一緒に遊ばせます。
- ☞本人の好きな給食メニューの場合には、別室に親しい友達を呼び寄せ、一緒に食べさせます。
- ☞給食を一緒に食べたり、得意な教科学習を通常の学級で行う場合には、毎回実施するのではなく、その日の好きな給食メニューや得意な学習内容によって判断します。

ステップ2　学級復帰するための2つの条件のクリア

- ☞学級復帰するためには、「学習能力」と「適応能力」が条件となります。学級は教科学習等をする場ですから、ある程度の知的能力が必要となります。また、友達とのコミュニケーション能力が必要となります。これをクリアするためには、①学級復帰日を明確にしておき、学習内容を事前に"先取り学習"して自信を付けること、②別室で「ソーシャルスキルトレーニング（SST）」の練習をすることです。この2つの条件をクリアできなければ学級復帰は望めないでしょう。

ステップ3　個別検査（WISC-Ⅳ、KABC-Ⅱ等）と集団検査の実施

- ☞WISC-Ⅳ、KABC-Ⅱなどの個別検査では、知能指数（IQ）や認知能力の偏りが把握できます。WISC-Ⅳは、基本検査10項目、補助検査5項目があります。全検査IQは、4つの指標（言語理解、知覚推理、ワーキングメモリー、処理速度）の合成得点で構成されています。KABC-Ⅱは、認知尺度検査11項目、習得尺度検査9項目があります。さらに、認知尺度は4尺度（継次、同時、計画、学習）、習得尺度は4尺度（語彙、読み、書き、算数）で構成されています。特にKABC-Ⅱは、学習障害（LD）を把握することができます。（次頁参照）
- ☞学校によっては、学習の習得状況を見るために、集団式知能検査を実施することもあります。別室登校の子供には、学級復帰したり高等学校への進路を決定したりする上でも学習能力を把握することが重要です。

【WISC-Ⅳ】

指標	検査項目	主 な 能 力
言語理解	類似	言語推理、概念形成、語の発達、語の推理
	単語	一般的な知識、言語概念形成、語彙の知識
	理解	社会的ルールの理解、一般的な知識
	知識	一般的な知識
	語の推理	言語理解、言語的推理能力、言語抽象概念、語彙の知識
知覚推理	積木模様	視覚認知、視覚的体制化
	絵の概念	抽象的推理能力、帰納的推理力
	行列推理	視覚情報の処理能力、一般逐次的推理
	絵の完成	知覚的細部の認識、位置空間関係
ワーキングメモリー	数唱	聴覚的短期記憶、注意力、メモリースパン
	語音整列	順序づけ、集中力、注意力、聴覚的短期記憶
	算数	数的推理、計算力、算数能力
処理速度	符号	視覚的探求能力、事務的処理の速さ
	記号探し	視覚的短期記憶、知覚処理速度
	絵の抹消	選択的視覚的注意、知覚処理速度

【KABC-Ⅱ】

尺度	検査項目	主 な 能 力
継次	数唱	聴覚的短期記憶、注意力、記憶範囲
	語の配列	聴覚的・視覚的短期記憶、作動記憶、ワーキングメモリ
	手の動作	視覚的短期記憶、記憶能力
同時	顔さがし	視覚的短期記憶
	絵の統合	統合する力
	近道さがし	空間認知、空間走査
	模様の構成	空間的関係、視覚化
計画	物語の完成	帰納、一般知識、一般系列推理、視覚化
	パターン推理	推理能力、帰納、視覚化
学習	語の学習	視覚的短期記憶、連合記憶
	語の学習遅延	視覚的長期記憶、連合記憶、学習能力
語彙	表現語彙	語彙の知識
	なぞなぞ	言語発達、言語推理、語彙の知識
	理解語彙	単語の理解、一般的知識、語彙の知識
読み	ことばの読み	読字、読み書き能力
	文の理解	長文読解力、動作化
書き	ことばの書き	読み書き能力
	文の構成	作文能力、読み書き、統語活用
算数	数的推論	問題解決能力、数学的知識、数学的学力
	計算	計算スキル、数学的知識

【個別検査の知能レベル】

IQ値	知能レベル	学年レベル	就学レベル
130以上	非常に優れている	IQ130＝2学年高い	通常の学級
129〜120	優れている		通常の学級
119〜110	平均の上	IQ115＝1学年高い	通常の学級
109〜90	平均	IQ100＝当該学年	通常の学級
89〜80	平均の下	IQ 85＝1学年低い	通常の学級
79〜70	劣っている（境界線）	IQ 70＝2学年低い	通常の学級
69〜50	知的障害（軽度）		知的障害特別支援学級
49〜35	知的障害（中度）		知的障害特別支援学校
34〜20	知的障害（重度）		知的障害特別支援学校
20未満	知的障害（最重度）		知的障害特別支援学校

【集団検査の知能レベル】

集団式知能検査	境界線下以上	境界線	知的障害
集団式知能偏差値（ISS）	40以上	39〜30	29以下
集団式知能標準得点（国・算・英）	45以上	44〜35	34以下

ステップ3　個別学習時に級友が押し入る

☞ 教室に入るのに躊躇しているような状況（あと一歩）の場合には、授業が始まったら、本人を特別教室（音楽室、理科室等）に連れて行き、別室担当教師が個別授業をします。数分後に、担任と級友全員が一斉にその特別教室に入ります。本人はびっくりしますが、必然的に一緒に学習することになります。

84 不登校

別室の教育環境が教室と異なり戸惑っている

子供が別室(相談室等)に登校しています。その子供は、毎日、不規則な時間に別室に登校し、体調が悪くなったり、嫌いな学習になると勝手に早退したりしてしまいます。別室の教育環境が教室と異なり、見通しが持てないようです。

指導のポイント

- ☑ 別室は、学級の教室内と同様に配置
- ☑ 支援体制(何時間目、どの教師が、どの教科等を指導するか)を明確化
- ☑ 別室での計画を作成(1週間、当日)

指導方法

ステップ1　別室を教室と同様に配置

☞別室であっても、子供はこの場所を"居場所"としていますので、以下のように、「教室と同様」に配置します。

- 掲示物は、「1週間分の学習計画」「学級の時間割表」「学級学年通信」「給食メニュー表」が必要です。
- 一人で学習できるように、教育テレビやビデオが視聴できるようにしておきます。
- ロッカー、本箱なども設置し、級友が一緒に遊んだり給食を食べたりするスペースや机・椅子なども準備しておきます。
- 希望により、カーテン等で中が見えないようにしたり、「個室」のようにパーティションで区切ってもかまいません。
- 危険物は置かないようにしましょう。

ステップ1　担任が別室に出向いて指導

☞学校の支援体制によって、別室担当者(専任)がいる場合といない場合があります。いない場合には、学校全体の問題として捉えて、特別支援教育コーディネーターを中心としながら早急に支援体制(何時間目、どの教師が、どの教科等を指導するか)を作成します。担任が別室で行う子供への指導内容は、以下の通りです。

【担任が別室で行う指導内容】

①毎週金曜日の下校近くの時間に、担任が別室に出向き、本人に次週の「相談室における1週間分の学習計画」を作成させます。(次頁の表参照)

②毎朝、授業開始前に担任が相談室等に出向き、1週間分の学習計画表を見せながら、本人と「1日の学習計画」を確認し、本人に学習計画表を作成させます。学校行事や担当教師などの予定が変更する場合には修正させます。別室担当者がいる場合には、担任は、その担当に任せますが、最低1日に1回は相談室に出向きます。

③宿題を出す時には、最低限行わなければならない箇所に朱書き等で印を付けさせます。

④在校時間は、<u>前日よりも1分でも長く在校する</u>ように促します。
⑤「学習計画表」を書き上げたら、本人にサインをさせます。
⑥下校時には、反省のコメントを書き、担任（別室担当者でも可）に渡します。

　別室にいる子供に対して、安定して学習したり長時間在学させるには、以下のような様々な指導テクニックが必要となります。

ステップ2　別室で様々なテクニックを活用

☞当日、急に担当教師が指導できなくなった場合

- 「教育テレビ」や「ビデオ」を視聴させたり、図書館で読書させたりします。
- その後、感想文を書かせるなど、時間内の目標をもたせます。

☞学校にいる時間を長くしたい場合

- 下校時間を遅くするのではなく、在校時間を前日よりも1分でも長くします。持続、継続する力をつけさせることにもつながります。

　　前日 10:00 → 12:00（在学2時間）　　今日 10:30 → 12:40（在学2時間10分）

- 時には、時計の針を進めておくなどの工夫もします。

☞保護者が迎えにくる場合

- 担任は、本人が保護者に電話連絡するように促します。
- 保護者は、徐々に、わざと本人に「今日は用事がある」と言って、下校時間を延ばすようにします。

85　不登校

双極性障害（躁うつ病）で入退院を繰り返している

子供の不登校が長期化しています。病院で「双極性障害（躁うつ病）」と診断され、症状が悪化したので入院しました。その後、少し回復したので学校に復学しましたが、すぐに不登校となりました。しかし、時々、登校することもあります。

指導のポイント

- ☑ 主治医からの指示と医療連携
- ☑ バイオリズムのチェックと分析

指導方法

ステップ1　双極性障害（躁うつ病）を理解

☞ 双極性障害は、精神疾患の中でも「気分障害」に分類されている疾患の一つで、以前は「躁うつ病」と呼ばれていました。うつ病は、うつ状態だけが起りますが、双極性障害（躁うつ病）は、うつ状態と躁状態が繰り返されます。両者の見分けが難しいと言われています。双極性障害は、躁とうつを3〜4か月程度で繰り返しますから、エネルギーの高まった躁状態の時に何らかのアクションを起こすことが重要です。双極性障害の原因は遺伝的要素や性格、不規則な生活リズム、家庭環境、ストレスと言われています

☞ うつ状態になると、以下のような精神症状と身体症状が見られます。

精神症状	身体症状
①興味・関心の減退 　「何をやっても楽しくない」 ②意欲・気力の減退 　「何もやりたくない」 ③知的活動能力の減退 　「何も頭に入らない、考えようとしても考えられない」 ④その他 　（無力感、劣等感、自責の念、罪悪感、焦燥感、自殺企画）	①睡眠障害 　（中途覚醒、早期覚醒） ②食欲減退 ③倦怠感

☞ エネルギーを消耗する活動は、悪化させることがあります。気分転換のためスポーツや旅行、叱責、激励は、余計に焦燥感を煽ることになります。主治医に躊躇なく相談して指示を受けましょう。

ステップ2 親子カプセルと躁うつのバイオリズムの把握

☞ 子供がうつ状態になっている場合、保護者にも同様な傾向が見られることが少なくありません。保護者と子供が一緒の気質やバイオリズムを持ち、なかなか状況が改善されないことがあります。これを「親子カプセル」と呼ぶこともあります。このような場合は、保護者も一緒に改善されることを期待します。

☞ 双極性障害の場合には、躁状態とうつ状態が繰り返されますので、そのバイオリズムの周期を把握することが重要となります。例えば、担任は、カレンダーに子供の調子について、「〇（躁）」「△（普通）」「×（うつ）」の記号を付けます。3～6か月ぐらい継続して観察すると、親と子のバイオリズムが見えてきます。子供と会えない場合には、保護者と面談したり電話連絡した際に、保護者の調子を把握すれば、子供の調子を推測することができます。ただし、一日や1週間、1か月間の中でもバイオリズムは変化しますので、慎重に解釈してください。

☞ 保護者を学校に呼び出すことや、家庭訪問、本人との面談、個別検査の実施、病院の受診を勧め、在籍変更などをする場合には、このバイオリズムを把握して、調子の良い時に実施します。一方、調子が上がってきた時にも自殺企図が見られるかもしれませんので注意しましょう。

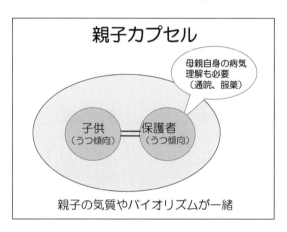

ステップ3 薬物療法の実行

☞ 双極性障害に投与する薬は、主に「気分安定薬」や「抗精神病薬」があります。気分安定薬は、鎮静させることなく気分の波を抑えます。薬は、リーマス、デパケン、ラミクタール、テグレトールなどがあります。抗精神病薬は、脳のドーパミンの働きをブロックし、鎮静させる作用があります。ジプレキサ、セロクエル、エビリファイ、リスパダール、ロドピンなどが使用されるようです。服薬については、主治医と相談することになります。(117頁参照)

☞ 双極性障害に補助的に用いられる薬として、「抗うつ剤」や「甲状腺剤」があります。双極性障害は、躁状態の期間よりもうつ状態の期間の方が圧倒的に長いことから、「抗うつ剤（ジェイゾロフト、ルボックス、デプロメール、アナフラニールなど）」を服薬して改善させます。また、双極性障害の「急速交代型」タイプには、甲状腺剤の投与が検討されることがあります。主治医と十分に相談することが重要です。

86　不登校

不登校改善の面談に本人が出席しない

不登校の子供が長期化しています。家庭でひきこもり状態です。面談を要望しているのですが、本人が拒否するので、保護者と面談をしています。保護者と様々な改善の手立てを話し合いますが、なかなか改善の兆しがありません。

指導のポイント

- ☑ 不登校改善会議に本人が参加
- ☑ 本人の自己決定
- ☑ 不登校改善計画の作成と実行

指導方法

ステップ1 保護者と担任等との話し合いでの確認事項

☞ 不登校を改善する際に面談を実施しますが、本人が参加しないケースがあり、「保護者と担任等」で話し合うことがあります。保護者と担任等が何度か話し合っても、本人不在の話し合いでは、本人が決めたことではないので実行力に乏しいです。ほとんど意味がありません。本人が知らない状況で改善内容が決定され、それを押し付けるということになるのです。

☞ 面談には本人参加が絶対条件ですが、子供の中にはなかなか困難なケースもあります。そこで、「保護者と担任等」での話し合いのポイントを4点示します。筆者が関わる巡回相談での不登校のケースでは、不登校が長期化しているにもかかわらず、個別検査の受検や病院の受診をしている子供は約3割以下です。約7割以上の子供が、何の手立てもなく、ただ欠席を増やしているだけです。また、最近、不登校と発達障害の関係も指摘されています。保護者との面談では、「要因の解決（どうしたら解決できるのか？）」「今後の手立て（どうしたいのか？）」を明確に聞き出し、具体策を提示していくことが必要です。

> ①不登校の要因をどのように捉えているか。
> ②改善したいという切実感があるか。
> ③不登校の要因に、本人の強い気質や障害等が関係していることを理解しているか。
> ④今後、個別検査の受検や病院の受診をするのか。

ステップ2 「本人参加型不登校改善会議」の実施

☞ 不登校を改善するのは、「本人自身」ですから、面談には、本人が参加するのは当然のことです。本人を中心に据えて関係者が集まって話し合います。"面談"という少人数会議ではなく、本人を支援することになる関係者（保護者、学校関係者、教育委員、別室等の担当者、医療関係者等）が一同に集まって不登校改善の方向性を確認し、計画を実行することが重要です。これを『本人参加型不登校改善会議』（三浦，2014）と呼んでいます。

☞ 『本人参加型不登校改善会議』に本人が参加できるようにするためには、"キーパーソン"が必要となります。キーパーソンは、「特別支援教育コーディネーターや教育委員会指導主事など」が最適でしょ

う。キーパーソンは、会議の日程調整、学校や家庭との連絡、専門家との連携など、第三者として関わります。最終的に本人の参加を説得するのは、保護者です。保護者の中には、本人に何も言えず、「本人も何も知らずに」会議に参加する場合もあります。また、関係者の中には、「本人は来ないと思うよ。」と言う方もいますが、意外にもほとんどが参加するのです。それは、「設定されているから仕方ない」「もしかして改善するかも？」などの思いもあるでしょうが、本心は"現状からの脱却をしたい"という気持ちが強いのではないでしょうか。場所は、学校、適応指導教室、公民館の他、自宅などでも可能です。

☞「本人参加型不登校改善会議」の実施手順は、以下の通りです。

【本人参加型不登校改善会議における項目と具体的な内容の例】

Ⅰ 不登校改善会議の目的とルール	○改善会議の目的や意義を説明して、参加者全員で再確認する。 ○改善会議の進め方やルールを説明する。 ・不登校改善計画書の作成と実施 ・会議の時間や個人情報の保護など
Ⅱ 不登校に至る経緯の確認	○不登校（不登校傾向）に至った経緯を説明し、参加者全員で再確認する。
Ⅲ 能力および気質や障害等の自己理解と課題把握 ＊保護者の同意が必要	○これまでの学習成績や個別検査（WISC-Ⅳ、KABC-Ⅱ等）における結果（IQや認知能力の偏り）を説明する。 ○本人の気質や障害等を認識させる。 ・ASDやADHDの気質、LD傾向などの特徴と障害特性など
Ⅳ 不登校の定義と不利益	○不登校の定義（年間30日以上）を説明する。 ・30日を超していない場合には、あと何日休めるかの確認 ○将来、進学や就職等で不利益が生じることを説明する。 ○保護者に対して、教育を受けさせる義務があることや教育保障をしなければならないことを説明する。
Ⅴ 生活環境の改善と将来の展望	○家庭生活の状況や生活リズムを確認し改善の方向性を示す。 ・起床や就寝の時間、学習時間の確保など ○高校やその後の進学先を確認する。 ・ある程度の学力と「努力・継続・我慢」の忍耐力が必要
Ⅵ 不登校改善の自己決定とスケジュール	○改善していくための具体的な目標、日程、居場所などをカレンダーと年間指導計画の日程を見ながら決定する。
Ⅶ 居場所での学習内容と指導方法	○居場所でどのような重点指導をするのか決定する。 ・教科学習、ソーシャル・スキル・トレーニング（SST）など
Ⅷ 改善のためのテクニック	○様々なテクニックを紹介する。 ・出席の扱い、偏食指導、家庭訪問、生活リズム改善など
Ⅸ 不登校改善計画書の作成と合意	○「不登校改善計画書(個別の教育支援計画・個別の指導計画)」として作成していくことを説明する。 ○計画書は1週間以内に関係者全員に配布して確認し、合意を確認する。

☞『本人参加型不登校改善会議』の中で重要なことは、本人自身が不登校改善について、関係者の意見を参考としながらも、「今後どうしたいのか」を自分で考え、自分で決定していくことです。その場で決まった内容や方法については、改善計画書として作成し、その通りに実行していくことです。Ⅰ～Ⅸの9項目まであります。この項目にそって司会者(キーパーソン)が淡々と会議を進めていきます。

☞この会議を実施する際の準備物は、「出席簿」「週時程表」「給食献立表」「年間学校行事予定表」「学習成績表」「過去の出席簿」「カレンダー」などです。なお、実施前に個別検査（WISC-Ⅳ、KABC-Ⅱなど）を受検しておき、結果報告することも効果的です。

87 不登校

不登校改善のテクニックが効果的でない

子供の中には、学校の生活に適応できず、不登校・不登校傾向、別室登校、適応指導教室登校、家庭でのひきこもり状態になっています。担任としては、「何とかしたい」と思っても、その具体的で効果的なテクニックが分かりません。

指導のポイント

- ☑ 経験と勘ではなく、理論的な指導テクニックを覚えて実際に活用
- ☑ テクニックを組み合わせて活用

指導方法

ステップ1 不登校改善のための指導テクニックを覚える

☞ 不登校・不登校傾向の子供は、その状態も様々で指導方法も異なります。不登校改善の指導方法は多種多様ありますので、そのテクニックを知って覚えることが重要です。しかし、覚えることだけに終わってはいけません。実際に活用してみることが不登校改善の第一歩です。

☞ 不登校改善のテクニックについては、『「本人参加型会議」で不登校は改善する！』（三浦光哉編著，2014年，学研）で28事例を紹介しています。本書でも事例86（132頁）で取り上げています。

ステップ2 「家庭訪問の目的の明確化」（2つの目的）

☞ 担任が家庭訪問する際には、目的を2つ設定します。目的が1つだと、その目的が達成できない場合には、成果なく終了してしまいます。例えば、「本人と会って家庭での状況を聞き出す」ことのみを目的にすると、会えない場合には早急に家庭訪問が終わってしまいます。何のための家庭訪問なのか分かりません。第2目的まで設定することで、家庭訪問の目的が達成されます。

第1目的	・本人と会って、学級での様子を話し、本人から家庭での状況を聞き出す
第2目的	・本人と会えない場合には、母親から「本人の好き嫌い」を聞き出す。

ステップ2 「家庭訪問の時間設定」（定時）

☞ 家庭訪問は、決まった曜日、決まった時間で実施します。学校の会議が早く終わった、部活動を早く切り上げた等の理由で、急に家庭訪問することは効果がありません。家庭訪問の日時を特定化することで、本人が「きょうは、担任が来る日」「もうすぐ担任が来る！」という"心の準備"をもつようになります。曜日と時間を本人・保護者と確認します。

また、家庭訪問時には、本人の好きなキャラクターや食べ物を"お土産"として持参すると更に効果的でしょう。

ステップ3 「家庭訪問の持参物」（お土産）

☞ 長期欠席が続き、本人となかなか会えない状況の場合に活用します。担任は、家庭訪問する際に、「お

土産」を持参します。お土産は、本人の大好物に限定です。そのためには、事前に、保護者から「本人の好き嫌い」を聞き出す必要があります。『ステップ2　家庭訪問の目的の明確化』で、「好き嫌い調査」をしておくことです。

☞ お土産（例えば、ケーキ）は、毎回種類を変えて持参します。当然、本人に会えないわけですから保護者に渡してください。保護者は、担任からのお土産を本人に渡すはずです。しかし、本人は、お土産（ケーキ）を食べるとは限りません。もし、本人がそのお土産（ケーキ）を食べたら大成功です。本人は、「担任に心を開いている」ことになります。継続すれば、絶対に担任に会おうとするはずです。『ステップ2　家庭訪問の時間設定』と組み合わせれば、本人は、「もうすぐ担任が来る！」「今日は、どんなケーキを持ってくるかな？」など、ワクワクしながら待っているはずです。

訪問日時	6月4日（火）18時	6月7日（金）18時	6月11日（火）18時	6月14日（金）18時	…………
お土産	イチゴケーキ	チーズケーキ	モンブラン	チョコケーキ	…………

ステップ3　「不登校の定義説明と29日分散型欠席」

☞ 前年度に不登校になっている場合に活用します。個別面談で、本人・保護者に「不登校になるのは年間計30日以上の欠席（公認欠席を除く）である」ことを教えます。そして、「年間に29日まで欠席できる」ことを伝え、以下の表のように、月ごとに欠席日数を割り振っていきます。これにより、子供は、毎日無理をせずに登校でき、「堂々と休む」ことができます。次に欠席する日まで数日間頑張ることができるのです。29日を超す欠席数が少なくなります。教師の年次休暇（最大40日）と同様ですね。

なお、前年度に欠席数が少ない場合には、『欠席届』（125頁参照）を活用します。

	4月	5月	6月	7月	8月	9月	10月	11月	12月	1月	2月	3月	計
欠席数	2	3	3	2	1	4	3	2	2	2	3	2	29

ステップ3　「不登校終了証」の授与

☞ 不登校が改善され、教室復帰ができるようになったら、本人に「不登校終了証」を授与します。不登校終了証を授与することで、本人は、不登校と「決別」し、二度と不登校にならない決意をもてるようになります。

☞ 「不登校終了証授与式」を設定します。授与式では、不登校改善に関わった保護者、担任、別室担当者、特別支援教育コーディネーターなど関係者が集まり、校長室や職員室等で盛大に実施します。校長は、授与式の中で、「あなたは、完全に不登校（別室登校）を終了しました。本日で不登校改善計画も終了です。今後は、再び不登校になることは一切ありません。」と宣言して、証書を授与します。また、授与式の様子は、デジカメ等で撮影し、即時にプリントアウトして本人にプレゼントします。

☞ 授与式前後に、これまで本人が使用していた"居場所（別室等）"は、片付けます。

不登校終了証

○年○組
○○

あなたは、「別室において一年間とてもよく教科の学習をしました。また、友達との付き合いも積極的に努力しました。したがって、「別室での生活を終了したことをここに認めます。これからも、学校を休むことなく、教室で学習したり、友達と仲良く遊んで、楽しい中学校生活を送ってください。

令和○年○月○日
○○市立○○中学校
校長
○○

88 不登校

いじめ被害が原因で不登校になっている

子供が「いじめを受けて不登校になった。」と話しています。保護者は、担任に訴えて学校側は謝罪しましたが、納得いかないようです。子供は、まだいじめの恐怖が残り、登校できません。

説明のポイント
- ☑ 面談では要望を受け入れ、登校ができることを本人に確認
- ☑ 学習保障の検討
- ☑ 解決しない場合には、外部委員会を組織し、いじめ防止対策と不登校改善対策

説明方法

ステップ1　いじめを重く受け止める

☞いじめは、本人・保護者の感じ方の程度や学校・担任の受け止め方で異なります。これまで、いじめ被害による不登校の場合には、本人からの訴えを学校・担任が重要視しなかったり、対応後のフォローが十分ではなかったケースもあります。一方、いじめの事実は認めつつも、いじめられた本人にも何かしらの問題があり、それが解決しないままになっている場合も少なくありません。いじめの原因を追及するとともに不登校改善の対策を早急に実施する必要があります。

ステップ2　面談で具体的な要求を聞く

☞面談には、本人の同席が必要です。多くの場合、家庭訪問をして実施します。

☞いじめが事実であり、それが直接的に不登校に結び付いたとしたら、それを解決するには、いじめの事実を明確にするとともに、「加害者から謝罪」や「学校側から謝罪」だけでなく、「担任が学級内でのいじめゼロ宣言」「校長が本人に謝罪して、全校児童生徒の前でいじめゼロ宣言」「校長の指導の下、教職員全員がいじめ撲滅の徹底」など、目に見えるかたちでの対応をしないと改善できないでしょう。

☞不登校改善のために、保護者を含めた面談を実施する必要があります。この面談のポイントは、本人・保護者の要望を最大限聞いて、その要望を可能な限り受け入れ、要望を全て満たすことができれば、本人・保護者に対して、「登校できる」ことの"前向き"な返事をいただくことです。「学校や被害者が、どのように謝罪すれば許してくれるのか、どのように対策を講じれば登校できるのか」を何度も話し合って解決の糸口を探っていくことが重要です。

【いじめ不登校改善のための面談例】

> ※以下の面談例は、重大ないじめ事件にまでは至っておらず、不登校の原因が友達からのいじめであると本人が申し出た場合、友達とのケンカやトラブル、中傷などで不登校になっている場合を想定しています。
>
> (これまでの経緯を謝罪した後)
> 教師:「学校ではAさんが登校できるように、最大限の努力をいたします。そこで、Aさん、お父さん、お母さん、学校や加害者に何か要望はありますか。どんな小さなことでもよろしいですからお話しください。」
> 本人:「担任を代えてほしい。あと、いじめをしたBさんとCさんとは別のクラスにしてほしい。」
> 教師:「お父さん、お母さんは、ご要望ありますか?」
> 母親:「娘が安心して登校できるように、友達があたたかく迎えてほしいです。それから、もし娘が転校したいと言った場合、それは可能なのでしょうか。」
> 父親:「私は今回の件で、まだ納得いかないので、さらに再度アンケート調査(生徒への聞き取り)をしてほしいです。そして、その結果をお知らせください。」
> 教師:「ありがとうございました。いろいろなご要望について分かりました。(校長が在席していなければ)校長と相談して、最大限ご要望が満たされるように努力いたします。加害者と別のクラスにするというのは、来年度になるかと思います。転校の件につきましては、早急に教育委員会に相談して対処します。」
> 父母:「よろしくお願いいたします。」
> 教師:「ところで、いま要望がありました、安心して学校に行けるようにしてほしい、加害者と別のクラスにしてほしい、転校できるのか、アンケート調査を再度実施してほしいといった4つの要望ですが、もし、これが全て満たされた場合に、Aさんは登校できますか?」
> 教師:「Aさん、登校できますか?」
> 本人:「…はい。…。」
> 教師:「分かりました。早急に4つの要望ができる限り可能になるようにします。」
> 教師:「お父さん、お母さん。いま、Aさんが登校できると言われましたので、期待していいですよね。」
> 　※注) ×「期待していいですか。」
> 父母:「本人が、そのように話しているので…、まあ…。」
> 教師:「お父さん、お母さん。Aさんを見守ってください。よろしくお願いします。」
> 教師:「それでは、4つの要望が満たされた場合、ご連絡いたしますので、また、このように面談していただけませんか。よろしくお願いいたします。」
> 教師:「本日は、お忙しい中ありがとうございました。」

ステップ2　全て要望を満たしたら再度面談して確認、学習保障も確認

☞本人・保護者の要望を満たしたことを電話等で連絡し、再度、面談を要請します。
　改善された場合には、現在の状況を丁寧に聞き、「継続して今後とも、いじめがないようにします。安心してください。」と誓います。もし、改善されない場合には、「なぜ改善されないのか」「改善するためには何が足りなかったのか。さらに何をすればいいのか」を話し合います。そして、再度、面談で要望されたことが満たされれば登校できるのかを話し合います。その一方で、学習空白を埋めるために、今後学習する"居場所"も提案します。

☞不登校が改善されない場合には"転校"やその他の具体的な要望も考えられますから、教育委員会(指導主事クラス)の同席も必要になるでしょう。

ステップ2　毎日2回いじめ被害調査を実施

☞当分の間、毎日、「朝の会(ショートホームルーム)」と「帰りの会(ショートホームルーム)」に、『本日のいじめ被害調査』を実施して、事実確認し、その日のうちに対応します。

【要望を満たしたにもかかわらず、いじめ不登校が改善されない場合の面談例】

(いじめの経緯を謝罪した後)
教師:「前回の面談では、安心して学校に行けるようにしてほしい、加害者と別のクラスにしてほしい、転校できるのか、アンケート調査を再度実施してほしいといった4件でした。そして、要望を満たしたら、Aさんが登校できるということを確認しました。」
教師:「先日、電話で4つの要望を全て満たしたことをお伝えしました。しかし、不登校の状況は変わらないのですが、現在はどうですか?」
本人:「…うーん…。何となく…。」
教師:「お父さん、お母さんは、この間、Aさんを見ていて、いかがでしょうか。」
母親:「この間、お電話をいただいて、すぐに娘に話したのですが、登校するきっかけがなく、何となくズルズルしているような気がしています。親としても何とか早く学校に行ってもらいたいのですが。」
父親:「私は、ちょっと帰りが遅くて、娘とはあまりしゃべっていないのです。」
教師:「そうですか。」
教師:「Aさん、この間、4つの要望があって、学校としてもその4つを希望通り叶えようと、いろいろ検討したり努力してきました。Aさんが安心して登校できるようにするためです。さらに学校では、どのようにすればよいですか。小さいことでも構わないので教えてください。」
本人:「やはり…みんなの目が怖い…。」
教師:「その他には、ないですか?」
本人:「アンケート調査の結果を教えてもらいましたが、何か、今いち…。」
教師:「すぐには、登校できそうにないですか?」
本人:「…うーん…。」
教師:「クラスの友達については、Aさんのことを伝えていますから、担任としても安心して登校できるようにします。アンケート調査の結果については、お父さんからの要望でしたので、包み隠さず内容を知らせました。」
教師:「Aさんがまだ納得できていないこともあると思うのですが、学校側もさらに努力して、Aさんも、気持ちが吹っ切れたなら、登校できますか?」
本人:「…うーん…はい。…。」
教師:「分かりました。Aさんが登校できるようにさらに頑張ります。」
教師:「お父さん、お母さん。いま、Aさんが気持ち次第で登校できると言われましたが、どうですか。」
母親:「親としては、一日でも早く登校してくれればと願っています。」
教師:「一つ提案があるのですが…。」
教師:「このまま3月まで、家庭にずっといるのはよくないと考えます。高校進学もありますし、学習空白になると成績にも影響を及ぼします。そこで、学習する場として、駅前の教育相談センター(適応指導教室)や学校の別室もあります。家庭ではなく、どこかで学習できる"居場所"を決めませんか?」
教師:「Aさん、どうする?」
本人:「学校は、ちょっと…。センターだったら行けるかも…。」
教師:「分かりました。センターの先生と相談してみますね。」
教師:「センターに行って、少し慣れたら学校に行くのもいいと思います。」
教師:「今日は、少し前向きに話し合うことができました。少しだけ先生も安心しました。面談の内容を校長先生や関係する先生に伝えておきます。」
教師:「本日は、お忙しい中、ありがとうございました。」

> **ステップ3**　全く改善されない場合は専門家からの指導の助言

☞何度も面談を繰り返しても不登校が一向に改善されず、また、本人もひきこもり状態で家庭学習もしていない場合があります。この場合には、専門家を交えての不登校改善対策を講じていきます。不登校の原因が重大ないじめに遭った場合は、早急に「いじめ対策防止法」の手順の従って対応します。

89　不登校

体調不良による起立性調節障害で欠席が目立つ

　小学校高学年から体調不良を訴えて保健室に行く子供がいます。次第にその回数も増え、朝起きられなくなり遅刻や欠席も目立つようになりました。このままでは不登校が心配です。「起立性調節障害」の疑いがあるようです。

指導のポイント

- ☑ 「起立性調節障害」の初期症状を見抜いて担任と養護教諭が連携
- ☑ 個別面談をして、子供に「起立性調節障害」を説明
- ☑ 症状が悪化したら早めに病院を受診

指導方法

ステップ1　思春期の体調不良を見抜く

☞最近、不登校になっている子供の中に、「起立性調節障害を併せもっている」といったケースが見られるようになりました。起立性調節障害は、自律神経失調症の一種で、小学校高学年から中学生の思春期前後に発症し、小学生の5％、中学生の約10％に見られ、特に思春期の女子に多いとされています。身体的な症状としては、めまい、立ちくらみが一番多く、その他にも動悸、息切れ、睡眠障害、食欲不振、腹痛、頭痛、倦怠感など様々な症状が現れます。

☞起立性調節障害は、初期の段階で見抜くことが重要です。「頭が痛い。」「お腹が痛い。」などと体調不良を訴えて保健室に駆け込みます。担任や養護教諭は、起立性調節障害なのか一過性の体調不良なのかを見抜いて対応します。起立性調節障害の初期段階であれば、養護教諭は、「大丈夫、なんでもないよ。教室に戻りなさい。」と声掛けし、担任と連携を取りながら細心の注意を払います。

☞初期段階での簡単な対応としては、毎朝担任が本人対して「おはよう。」と声掛けします。本人から、どのようなリアクションで「おはようございます。」と返事するかで判断します。声のトーン、顔色、目線などがチェックポイントです。毎日声掛けすれば、その変化に気づくはずです。変化に気づいたら、面談して体調の変化を聞き出しましょう。

ステップ1　起立性調節障害になりやすいタイプの把握

☞担任や養護教諭は、起立性調節障害になりやすいタイプを把握しておくことが望まれます。主に、「内向性自閉気質」「神経質」「感覚過敏」「まじめでやり遂げる」「過度な習い事やスポーツの負担」「学級委員長や部活動の部長などに責任を強く感じる」「家庭的な不安」「いじめ被害」「人間関係不和（ネット被害不安の含む）」などが挙げられます。これまで障害の疑いのない"普通の子"も可能性がありますから観察を十分にしましょう。

| ステップ2 | 個人面談で起立性調節障害の様相を説明 |

☞ 起立性調節障害の対応策として、初期の段階で早めの個人面談を設定して、起立性調節障害の様相があることを説明します。面談のポイントは、以下の通りです。

```
①思春期に起こる体調不良
②気質の自己理解
③18歳頃までに治ることの安心感
④低血圧の予防
⑤朝早く起きる
⑥体調不良を理解して登校
⑦悪化したら早めに病院を受診
```

【起立性調節障害の様相が疑われる際の個別面談の例】

①思春期に起こる体調不良
教師：「Aさん。最近、体の調子はどうなの？」
本人：「まあまあ…かなぁ。」
教師：「この前、お腹が痛い、頭が痛いと言って、保健室に行きましたよね。それに、この間、遅刻してきましたよね。実は、保健室の先生から、『Aさんは起立性調節障害かもしれません』と言われました。そこで、このようにAさんと面談を設定したのは、起立性調節障害のことと、その予防について説明したかったからです。」
本人：「はい。」

②気質の自己理解
教師：「それでは、そのことを説明するので、しっかり聞いてください。」
本人：「はい。」
教師：「起立性調節障害は、思春期に起こる体調不良のことです。思春期になると第二次性徴といって、大人の体になるために、女らしい体つきになったり、生理が始まったり、生まれつきもっている気質などが大きくなったりして、心と体がアンバランスになります。そのため、精神不安定になることがあるし、頭痛や腹痛、めまい、だるい、疲れなどの症状も出てきます。実は、小学生で5％、中学生で10％の人が起立性調節障害になります。この中学校の生徒数は500人なので、50人くらいです。学級は全部で15学級あるので、1学級に2～3人が起立性調節障害になるかもしれませんね。Aさんは、この2～3人の中に入ったのですよ。」
本人：「え、そうなんですか？」
教師：「なぜ、Aさんは、起立性調節障害のようになったのか分かる？」
本人：「分かりません。」
教師：「Aさんは、おそらく他の生徒よりも、気質が強いからです。気質とは生まれつきもっている特性や個性のようなものです。Aさんは、内気で人一倍、神経質タイプですよね。そのように思ったことはない？」（＊下線の部分を子供のタイプで変更する）
本人：「…ありえるかも。」

③18歳頃までに治ることの安心感
教師：「心配しなくとも大丈夫ですよ。起立性調節障害は、一般的に長くは続かないから高校を卒業する頃には治ります。もし、Aさんがきちんと理解すれば、中学校を卒業する時には、治っているかもしれません。」
本人：「そうなんですか。」

④低血圧の予防

教師:「これから予防の仕方を教えます。しっかり、聞いてください。」
本人:「はい。」
教師:「朝起きた時のことを教えます。起きる時には、低血圧になっていますから、急に立ち上がりません。仰向けからうつ伏せになり、腰を上げて頭を低くします。寝返りを打ち仰向けになり、また、うつ伏せで頭を低くします。これをダラダラと繰り返し10分～20分くらいかけて起き上がります。そして、起き上がった時は起立をします。起立中は足踏みをしたり、両足をクロスさせます。このようにすると低血圧を防げるようになります。もし、どうしてもすぐに起きなければならない時には、30秒～1分くらいかけてゆっくり起きるようにしてください。」
教師:「分かりましたか？ 明日の朝から実際に取り組んでみてください。」
本人:「はい。」

⑤朝早く起きる

教師:「それから、朝は、いつもより1時間早く起きましょう。Aさんは低血圧で、人一倍準備するのに時間がかかりますから、朝起きてから登校するまで2時間くらいかけてゆっくりと準備します。」
本人:「はい。」

⑥体調不良を理解して登校

教師:「朝は、目覚めた時に低血圧だから、起きるのがつらくなると思います。体調も悪くなるはずです。その時には、お母さんに『起立性調節障害のようだから具合が悪い』と話してください。しかし、学校を休んではいけません。無理して登校します。そして、担任の先生や保健室の先生に『起立性調節障害のようだから具合が悪い』と伝えてください。決して学校を休むことはしないでください。無理をしても学校に来るのです。もし、本当に調子が悪いのなら、保健室に行き、先生に『起立性調節障害だから具合が悪い』と伝えてください。保健室で休息することもできます。」
本人:「分かりました。」

⑦悪化したら早めに病院を受診

教師:「今後、体調が悪化したら、早めに病院を受診し、薬を飲んで改善する方法もあります。」
教師:「今日は、起立性調節障害のことをたくさん説明しました。よく分からなかったら、また先生に聞きに来てください。よろしいですか。それでは、面談は終わりにします。」
本人:「ありがとうございました。」

ステップ3　病院を受診して薬物治療

☞体調の悪化が継続したら、早めに病院を受診することを勧めましょう。薬物治療を開始する場合もあります。
☞治療薬としては、ミドドリン塩酸塩（メトリジン）、プロプラノロール塩酸塩（インデラル）、ジヒドロエルゴタミンメシル酸塩（ジヒデルゴット）、アメジニウムメチル硫酸塩（リズミック）などがあります。

90 障害理解

障害があることを理解したり受容したりしていない

学級の中には、「自閉スペクトラム症（ASD）」や「注意欠如多動症（ADHD）」と診断されている子供がいます。主治医や保護者からは診断名・障害名を教えられていますが、本人はよく理解しておらず、対人関係で孤立、トラブルや問題行動を頻繁に起こしています。服薬はしていません。

説明のポイント

- ☑ 自己理解や障害受容する「場」をきちんと設定
- ☑ 障害の特徴や困難性を説明
- ☑ 困難なことや苦手なことを減らす
- ☑ 自分で努力・継続・我慢する

説明方法

ステップ1　自己理解や障害受容の「場」として設定

☞ 本人が障害診断の説明を受けても理解できないのは、年齢的に幼い、理解力が乏しい、他人事である、そもそも聞いていない等、様々に考えられます。本人が診断名・障害名や障害特性などを病院の「診察室」や家庭の「リビング」等で説明されても、聞き逃したり、聞き流したり、聞いてもすぐ忘れているかもしれません。そこで、診断名・障害名や障害特性を明確に理解させるためには、個人面談での明確な「場」を設定し、図解などで印象に残るようにすることが重要です。

☞ 教師（担任、特別支援教育コーディネーター等）が子供に診断名・障害名を伝える場合には、個人情報ですから必ず保護者の同意や了解を得なければなりません。

☞ 子供に診断名・障害名を言えない場合には、「障害の特性」や「気質」を分かりやすく説明します。

ステップ1　自己理解・障害受容の手順を明確にして実施

☞ 自己理解・障害受容の説明では、事前に話す項目（内容）を確認し、この順番にしたがって話していきます。保護者とは、「何を、どこまで」話せばよいかを確認しておきましょう。

①現在の状況やこれまでの実態（障害特性や気質からの困難性を自覚する）
②自分と友達との違いの思考（なぜ適応できないのかを考える）
③診断名・障害名があることの理解（診断名を認識する）
　＊診断名・障害名を言えない場合は、それに近い別の言葉で言う。
④不適応の継続性（今後も継続することを理解する）
⑤不適応を改善するための具体的な方法（LD、ADHD、ASD等の指導方法を理解する）
⑥今後予想される不適応（どのような場面で起こるか推測する）
⑦今後不適応となった場合の対応（先生に相談する、助けを求めることを理解する）
⑧今後不適応を改善するための理解（「努力」「継続」「我慢」を理解する）
⑨個別の支援計画の下で共通した支援（計画的な支援を認識する）

| ステップ2 | 専門家が自己理解・障害受容を促す |

☞ ステップ1の方法で障害の自己理解や障害受容を促しても改善されない場合には、専門家チーム（大学教授、公認心理師、臨床心理士など）にお願いして、説得していただきます。

【自己理解・障害受容の面談例】

対象：通常の学級に在籍する中学1年女子（Aさん）
診断名：「自閉スペクトラム症」
特性（気質）、学習面や生活行動面は、以下の通りです。
- 内向的で目立たないタイプ。友達関係は限定され、次第に孤立してきている。
- 知的能力は問題なかったが、次第に学習成績が下がってきている。中の上ぐらいである。
- 学習面や行動面でみんなと同じようにできず、自尊心が低下してきている。
- こだわりがあり、自分のやり方を通そうとする時がある。
- 教師の指示に対して、固まってしまう時もある。
- 偏食が見られる。暑がりである。
- 月に2〜4回程度、遅刻することもある。ネットにはまっている。

①現在の状況やこれまでの実態（障害特性や気質からの困難性を自覚する）
教師：「これから、Aさんのことについての面談をします。」
教師：「Aさん、最近、勉強や友達関係、部活で、何か困ったことはありますか？」
本人：「特に、ありません。」
教師：「そうですか。先日、休み時間に一人で本を読んでいたよね。友達と遊ばないの？」
本人：「別に、遊ばないわけではないですが、めんどうなので…。」
教師：「昨日、遅刻してきましたよね。体調が悪いのですか？」
本人：「特に悪いわけではありません。」
教師：「そうですか。先生は心配してたよ。」
教師：「今日の2時間目は数学でしたが、B先生からAさんを指名したら、分からなくなって固まって動けなくなったと報告がありましたが、問題が難しかったの？」
本人：「特に、そうは思わなかったけど。」
教師：「そうですか。そういえば、今日の給食でトマトが出たけど、冷たくておいしかったわね。Aさん、全部食べた？」
本人：「いいえ、トマトが嫌いなので残しました。」
教師：「そうですか。野菜全般が嫌いだったよね。それに牛乳も苦手でしたね。」

②自分と友達との違いの思考（なぜ適応できないのかを考える）
教師：「ところでAさん、なぜ、みんなは休み時間に、友達とキャーキャー言って遊んでいるのに、Aさんだけ遊んでいないのか分かるかな？ それから、指名されると固まって動けなくなったり、給食を残したりするなど、みんなと同じようにできないのは、なぜだか分かる？」
本人：「みんなも、あると思うけど…。」

③診断名・障害名があることの理解（診断名・障害名を認識する）
　　＊注）診断名・障害名を言えない場合には、最大限それに近い別の言葉で言う
教師：「先生は、Aさんがみんなと同じようにできないことが多いと思うのですが。」
本人：「そうかなぁ。」
教師：「2か月前、Aさんは市立病院に行きましたよね。」
本人：「はい。」
教師：「どうして、病院に行ったの？」
本人：「お母さんが予約してたから。」

教師:「病院の先生に、何か言われた?」
本人:「言われたと思うけど、忘れた。」
教師:「先生は、この前、病院の先生とお母さんから、Aさんは『自閉スペクトラム症』と診断されたと、聞きしましたよ。」
本人:「自閉…? なに?」
教師:「『自・閉・ス・ペ・ク・ト・ラ・ム・症』、自閉スペクトラム症です。」
本人:「『自閉スペクトラム症』、何か、そんな感じだった。」
教師:「『自閉スペクトラム症』って、何だか分かる?」
本人:「分かりません。病気ですか?」
教師:「病気というよりは、障害です。」
本人:「障害なのですね。」

④**不適応の継続性(今後も継続することを理解する)**
教師:「『自閉スペクトラム症』とは、そもそもは、生まれつきの脳の障害です。『自閉スペクトラム症』になると、友達と付き合うのが苦手だったり、何かにこだわって切り替えができなかったり、友達と会話した時に内容が読めなかったりします。それに、感覚過敏があるのもそうなのよ。時々、頭やお腹が痛くなるのは、『起立性調節障害』といって、思春期に入ると体のバランスが崩れて体調不良となり、それが続くと朝起きられなくなり不登校になる場合もあります。」
教師:「さっき先生と話したことだけど、Aさんが休み時間一人でいるのは、友達と付き合ったり会話するのが苦手だからです。固まったりするのは切り替えができないからです。また、トマトなど野菜が嫌いなのは感覚過敏があるからです。つまり、このようなことは、みんな共通していて、『自閉スペクトラム症』と関係しているからです。分かりましたか?」
本人:「は、はい。」
教師:「『自閉スペクトラム症』とは、大人になってもずっと付き合っていかなければなりません。治らないのですよ。」
本人:「先生、治らないのですか?」
教師:「大丈夫、心配しなくともいいわよ。さっき話した、いろいろ苦手なことを小さくすれば良くなります。治すというよりは、困難になっていることや苦手としていることを、小さくしたり少なくするということです。」
本人:「小さくするのですか?」
教師:「その通りです。」

⑤**不適応を改善するための具体的な方法(LD、ADHD、ASD等の指導方法を理解する)**
教師:「例えば、Aさんは、友達と付き合うのが苦手だと感じているけど、休み時間に一人で本を読んでいないで、気の合う人を見つけて、おしゃべりをするといいですね。自分のクラスにそういう友達がいなければ、隣のクラスで見つければいいと思うよ。それから、授業中に指名された時、分からなかったら、先生に分かりませんと答えたほうがいいです。野菜は、少しでも食べられるようになるといいわね。」
教師:「このように、できることから少しずつ頑張っていけば、必ず苦手かことが小さくなるはずです。分かったかな?」
本人:「何となく…。」

⑥**今後予想される不適応(どのような場面で起こるか推測する)**
教師:「このまま自分のことが分からずに、苦手なことがどんどん大きくなったら、どうなると思う? 例えば、体調不良が続き、学校に来ても誰とも話さずに一日を過ごすと、どうなるかなあ?」
本人:「うーん…。」
教師:「たぶんクラスでは孤立して、ますます体調不良を起こして、保健室に行く回数が多くなって、朝起

きられなくなって、最後には不登校になると思います。不登校になると勉強しなくなるから、ますます成績が下がると思います。もしかすると、希望する高校にも入れないかもね。これは大変だぁ。」
教師：「そうならないためにも、自分のことをしっかり理解して、『自閉スペクトラム症』という障害も受け入れることが大切です。」
教師：「分かりましたか？」
本人：「はい。」

⑦今後不適応となった場合の対応（先生に相談する、助けを求めることを理解する）
教師：「もし、学校生活の中で、自分でどうすればいいかが分からなくなった時には、先生方に相談し、助けてもらうのが一番です。最も良い方法ですよ。」
教師：「Ａさん、先生に相談できる？」
本人：「苦手…。」
教師：「それでは、先生の方から何か困ったことがないかを時々聞くので、教えてくださいね。」
本人：「はい、分かりました。」

⑧今後不適応を改善するための理解（「努力」「継続」「我慢」を理解する）
教師：「Ａさんが、これから自分のことを理解して、苦手なことを改善し少なくするためには、毎日「努力」したり、それを「継続」したり、時には「我慢」したりしなければなりません。つまり、「努力」「継続」「我慢」です。」
教師：「これからも頑張りましょうね。」
本人：「はい。」

⑨個別の支援計画の下で共通した支援（計画的な支援を認識する）
教師：「Ａさんの支援については、診断名があるので、学校の方で「個別の教育支援計画」と「個別の指導計画」という２つの計画を作成して指導していきます。個別の教育支援計画は、Ａさんがスムーズに適応できるように、学校、家庭、病院など関係者の皆さんが支援してくださる内容です。個別の指導計画は、学校の学習面や生活面についての支援していく内容です。今後も計画通り適応できるように皆で応援していきますよ。これは、Ａさんのお父さんやお母さんにも確認していただきます。」
本人：「はい。」
教師：「今日はＡさんのことについて話し合いました。長い時間、ありがとうございました。今日お話ししたことは、お家に帰ったら、お父さんやお母さんにも伝えてください。これで終わります。」
本人：「ありがとうございました。」

91 障害理解

個別検査（WISC-Ⅳ、KABC-Ⅱなど）の受検を拒否している

　発達障害の疑いがあり、本人・保護者に個別検査（WISC-Ⅳ、KABC-Ⅱなど）の受検を何度か勧めましたが、なかなか受検に応じてくれません。困難なことや不適応状況が増えてきているようです。

説明のポイント

- ☑ 事前に話す内容（項目）をメモしておき、理論的に淡々と話す
- ☑ 説明者は、担任ではなく特別支援教育コーディネーター又は管理職
- ☑ 専門家からの意見を必ず伝える
- ☑ 1回の面接で説得するのではなく、長期的な視点をもつ
- ☑ 次回の面談までに観察ポイントを伝える（LDは学習成績、ADHDは離席やトラブル回数、ASDは指示理解やこだわり回数などを数値化して示す）

説明方法

ステップ1　説明の手順を明確にして実施

☞ なかなか理解が得られないのは、理論的に説明していないのかもしれません。面談に臨む前に、話す内容を整理して順番に項目化することが必要です。特にポイントとなるのは、個別検査の実施について、担任や学校が必要であることを全面に出すのではなく、「専門家から個別検査受検の必要性を指摘された」というように、第三者である専門家から指摘を受けたので、それを本人・保護者に伝えるといった説明の仕方がよいでしょう。

☞ 説明の手順については、事前に話す項目（内容）を確認します。説明場面では、以下のような項目（内容）の順番に従って話していきます。

①特別支援教育の意味（学校体制）
②専門家からの意見（個別検査の必要性）
③学級での実態（担任からの困難性）
④個別検査の受検のメリット（認知特性の把握、早期改善）
　＊オプション（個別検査の場所など）があれば追加説明
⑤将来の困難性（発達障害等の特徴、気質）や同様の事例紹介
　＊承諾しない場合
⑥次回の面談を約束して経過観察の観点を提示
⑦再度の面談で経過観察の結果をグラフ化（数値化）して提示

準備物

・個別検査の概要（WISC-Ⅳ、KABC-Ⅱの検査が分かるもの）
・個別検査の承諾書（学校独自または教育センター等で統一されている様式）
・その他（年間指導計画＜行事日程＞、学習成績表、生徒指導記録簿など）

面接場面

☞ 面接では、特別支援教育コーディネーター、管理職などが説明します。担任は特別支援教育コーディネーターの隣に座ります。

＊特コ：特別支援教育コーディネーター

【個別検査の受検の説得場面の例】

①特別支援教育の意味（学校体制）

特コ：「2007（平成19）年から法律（学校教育法）が改正され、特別支援教育が始まり、既に10年以上が経ちました。お母さんは、「特別支援教育」という言葉を聞いたことがありますか。」

母親：「聞いたことはありますが、よく分かりません。」

特コ：「以前使われていた特殊教育と混同されてしまいますが異なるものです。特別支援教育とは、子供一人一人に対して適切に支援していくことです。つまり、子供全員を対象にして、子供が抱えている様々な困難に対して、それをよりよく改善していき、学校生活をスムーズに送ることができるようにしていくことです。例えば、学級の中には、勉強が苦手な子供、友達とトラブルを起こす子供、授業に集中できない子供、忘れ物をする子供、学校に行きたがらない子供などが少なからずいますが、その子供に対して早期に支援して困難性を少なくしていくことです。本校では、この特別支援教育に、とても力を入れて取り組んでおります。」

②専門家からの意見（個別検査の必要性）

特コ：「特別支援教育が始まったことにより、保育所、幼稚園、小学校、中学校、高校などに、大学や教育委員会の先生、特別支援学校の地域担当の先生、スクールカウンセラーや教育相談の先生、学習支援の先生、個別検査をする先生、保健師さん、お医者さん、市役所の福祉課の方など、様々な専門家の方々が学校に来てくださったり、相談にのってくださるようになりました。子供たちが抱えている様々な困難を、学校の先生だけでなく、専門家も交えて関係者で支援するためです。本校でも、専門家の先生方に定期的に訪問していただき、様々なアドバイスをいただいております。」

特コ：「実は、先日も専門家の先生（A先生）に訪問していただきました。そして、A先生から、「B君については、一度、個別検査を実施して詳しく調べたほうがよいのではないか、と言われました。そのようなことで、本日、お母さんを学校にお呼び立てして、お伝えしているわけです。」

③学級での実態（担任からの困難性）

特コ：「B君については、学校としても、とても気になっていました。お母さん、家庭ではどうですか？」

母親：「家では、特に問題になるようなことはありません。」

特コ：「そうですよね。B君は、○○○ですものね。」（子供を褒める）

特コ：「ところで担任のC先生、クラスでのB君の様子はどうですか？」

担任：「B君は、○○○です。」（最初に子供を褒める）

担任：「しかし、○○○では、○○○です。」（他の子供と比較して困っていることを話す）

＊注）LDは学習成績状況、ADHDは不注意・多動性・衝動性、ASDは対人関係・こだわり・自分の世界・感覚過敏・多弁、などの困難性を指摘する。

特コ：「そうですか。やはり、困っていることがあるのですね…。」

特コ：「お母さん、B君は、家庭と学校での様子がだいぶ違うようですね。どちらも間違っていないと思うのですが…。どうして学校では、○○○のようにできないことが多いのだと思いますか？」

母親：「…よく分からないです。」

特コ:「おそらく家庭と学校とでは、刺激の多さと本人理解が違うからです。家庭では、きょうだいだけですから刺激が少ないです。それに、家族ですから、B君の性格や行動はよく分かっています。しかし、学校では、同級生の他、上級生や下級生とも関わります。B君の性格や行動も知らない子供たちもいるからです。ですから学校では、A先生がご指摘されたように、できないことや困難になっていることがあるのです。」

母親:「そうなのですね。」

特コ:「B君については、早めに支援して改善したいと考えております。そこで、学校としては、専門家の先生のご指摘の通り、早めに個別検査を受検してただいたほうがよいと考えております。<u>お母さん、いかがでしょうか？</u>」

母親:「…。」

④個別検査の受検のメリット(認知特性の把握、早期改善)

特コ:「個別検査は、子供の学習能力や得意な面や不得意な面を知るために行います。子供が、どこで、どのようにつまずいているかが分かり、それをどのような方法で改善したらよいかの見通しがつきます。私たちは、体の具合が悪い時に病院に行って、血液検査やレントゲン写真を撮ります。学校教育の中では、それと同じように、専用の個別検査を受けていただくのです。そうすることで、B君のつまずきの改善が早まると思います。<u>お母さん、いかがでしょうか？</u>」

母親:「…は、はい…。」

<オプション(個別検査の場所や時間などがあれば追加説明)>

特コ:「個別検査については、専門に検査する方が学校に来ます。授業時間に教室から抜け出していただいて、別室で検査を受けることになります。検査時間は、約2時間前後かかります。もし、授業時間に抜け出したくない場合には、放課後や夏休み中などを利用することもできます。ただ、放課後よりも午前中の方がお子さんの状態が良いと思われます。」

⑤将来の困難性(発達障害等の特徴、気質)や同様な事例紹介

特コ:「専門家の先生のお話では、B君については、できれば、遅くとも小学校3年生くらいまでに困難を改善しないと、高学年になって学習成績が下がったり、中学生になって、ぶり返してトラブルの回数がさらに多くなったりすることを指摘されました。学習成績については、現在、授業に集中できないことや、覚えていないことが、後で影響を及ぼすと言われました。また、人間にはもっている様々な気質があり、その気質は、思春期になり反抗期として活発化すると言われました。学校の中には、早期に個別検査をしなかったので、支援方法が分からず、今でも対応に苦労している子供もいます。<u>お母さん、いかがでしょうか。</u>」(⇒承諾する場合は ア 、拒否する場合は イ に進む)

< ア 承諾する場合>

母親:「分かりました。先生がそこまで言われるなら…。」

特コ:「ありがとうございます。受検してくださるのですね。B君のつまずきも早めに改善されると思いますよ。学校としても、専門家のA先生と連携をとって、これからも支援いたします。担任のC先生、良かったですね。」

担任:「はい。私もB君のつまずきを早めに改善するように頑張ります。」

特コ:「それでは、学校のほうで、早急に個別検査ができるように手配いたします。検査の日程などについては、後でお母さんのほうに連絡いたします。」

特コ:「本日は、学校においでいただき、ありがとうございました。」⇒【面談終了】

< イ 拒否する場合>
⑥次回の面談を約束して経過観察の観点を提示

母親:「…うーん。もう少し考えてみます。」

特コ:「お母さんのお気持ちは、分かりました。それでは、そのことを専門家のA先生にお伝えします。

学校の方では、経過を見ることにします。そこで、次回、また面談を設定させていただけないでしょうか。よろしいですか？」
母親：「はい。」　＊注）返答がない場合でも強引に了解を取り付ける
特コ：「それでは、次回は、〇月〇日にしましょう。」
　　　＊注）日にちを必ず決定する。だいたい、3〜6か月後に設定する。
特コ：「次回の面談までに、B君の経過について見ていきます。観察のポイントとしましては、〇〇〇（明確に観点を示す）などです。」
　　　＊注）LDの場合は学習成績の点数、ADHDの場合はトラブル回数や離席の回数、ASDの場合は教師からの指示理解回数やこだわり回数など、数値化できるもので観点を示す。
特コ：「お母さん、よろしいでしょうか？」
母親：「はい。」
特コ：「本日は、ご足労をおかけしました。学校でも特別支援教育に力を注いでいきますので、今後ともB君の支援を最大限に考えていきます。ありがとうございました。」

＜再度の面談＞
⑦再度の面談で経過観察の結果をグラフ化（数値化）して提示
特コ：「前回の面談では、B君の経過観察のポイントとして、〇〇〇を示しました。本日は、その結果お伝えします。担任のC先生、よろしくお願いいたします。」
担任：「B君について、3か月間の結果をグラフにまとめましたので、ご覧ください。」
　　　＊注）結果は、必ず、他の子供と比較してグラフ化すること。口頭説明では意味がない。比較がないと良悪が分からない。
担任：「B君の結果は、この前の面談から最近まで、〇〇〇のようになりました。他のお子さんは、一番良い子供で〇〇〇、平均で〇〇〇です。したがいまして、B君は〇〇〇ということになります。」
　　　（⇒改善してきた場合は ウ 、改善されない場合は エ に進む）

＜ ウ 改善してきた場合＞
特コ：「B君は、この3か月、とても良くなりましたね。改善されてきたのではないですか。本人もお母さんも努力された結果だと思います。これからもぜひ続けてください。」
特コ：「個別検査は、もう少し様子を見てから検討しましょう。」
母親：「ありがとうございます。」
特コ：「それでは、次回は、〇月〇日にしましょう。さらに良くなることを期待しています。」
担任：「今度もまた経過を見てお知らせしますね。私もB君をさらに支援していきます。」
特コ：「本日は、ありがとうございました。」⇒【面談終了】

＜ エ 改善されない場合＞
特コ：「B君のこの3か月間を見てきましたが、あまり良くなっていないようですね。〇〇〇のところは、悪くなっています。このままだと、できないことや困難になっているがさらに多くなると予測されます。本人も困っていると思います。お母さん、早めに個別検査を受検されてはいかがでしょうか？」
母親：「…うーん。もう少し様子を見させてください。頑張りますから…。」
特コ：「はい。分かりました。続けて経過観察します。それでは、次回の面談は〇月〇日にしましょう。」
　　　＊注）再度拒否した場合には、経過観察を継続し再度面談する。

ステップ2　　専門家が説得する
☞ステップ1の方法で何度か個別検査の受検を説明しても承諾されない場合には、専門家チーム（大学教授、公認心理師、臨床心理士、検査担当者など）にお願いして、説得してもらいます。

92　障害理解

病院の受診を拒否している

発達障害の疑いがあり、個別検査までは受検できましたが、その後も安定せず、不適応を起こす場面が多くなりました。本人・保護者に病院の受診を何度か勧めましたが、なかなか応じてくれません。

説明のポイント

＊「個別検査の受検」における説明のポイントと同様、それに以下を追加

- ☑ 個別検査の検査者が保護者面談して説明
- ☑ 専門家（大学教授、公認心理師、臨床心理士など）に要請して説明
- ☑ 次回の面談までに観察ポイントを伝える（LDは学習成績、ADHDは離席やトラブル回数、ASDは指示理解やこだわり回数などを数値化して示す）
- ☑ 受諾した場合を想定した対応（受診順番の入れ替え等）

説明方法

ステップ1　「個別検査」から「病院の受診」へと手順を踏む

☞ 本人・保護者に突然、病院の受診を勧めるのは、ハードルが高くなります。そこで、個別検査を受検していない場合には、まず最初に「個別検査の受検」を勧めます。そして、検査結果を受けて、個別検査員から「病院の受診」を勧めていただくようにするとよいでしょう。

ステップ1　「個別検査済み」の場合には「病院の受診」へと手順を明確にして実施

☞ 病院の受診の理解が得られないのは、「個別検査の受検」と同様に、理論的に説明していないのかもしれないので、説明の手順を確認します。この場合の説明の仕方として、専門家である「個別検査員」からの意見が重要となります。巡回相談等で指導・助言をいただいている専門家（大学教授、公認心理師、臨床心理士など）と複数での意見が効果的となります。

☞ 説明の手順については、事前に話す項目（内容）を確認します。説明場面では、以下のような項目（内容）の順番で話していきます。

①特別支援教育の意味（学校体制）
②専門家からの意見（病院の受診の必要性）
③学級での実態（担任からの困難性）
④病院の受診のメリット（障害の理解、薬物治療、不適応の改善）
　＊オプションがあれば追加説明
⑤将来の困難性（発達障害等の特徴、気質）や同様な事例紹介
　＊承諾しない場合
⑥次回の面談（専門家の同席）を約束して経過観察の観点を提示
⑦再度の面談で経過観察の結果をグラフ化（数値化）して提示

準備物
・個別検査の判断書や結果等（WISC-Ⅳ、KABC-Ⅱ）
・その他（年間指導計画＜行事日程＞、学習成績表、生徒指導記録簿など）

面接場面
☞「個別検査の受検」と同様、特別支援教育コーディネーターまたは管理職などが説明し、担任は特別支援教育コーディネーターの隣に座ります。個別検査員が同席する場合もあります。

【病院受診の説明場面の例】

①特別支援教育の意味（学校体制）
特コ：「2007（平成19）年から法律（学校教育法）が改正され、特別支援教育が始まり、既に10年以上が経ちました。お母さんは、「特別支援教育」という言葉を聞いたことがありますか。」
母親：「聞いたことはありますが、よく分かりません。」
特コ：「以前、よく使われていた特殊教育と混同されますが、それとは異なります。特別支援教育とは、子供一人一人に対して適切に支援していくことです。つまり、子供全員を対象にして、子供が抱えている様々な困難に対して、それをより良く改善していき、学校生活をスムーズに送ることができるようにしていくことです。例えば、学級の中には、勉強が苦手な子供、友達とトラブルを起こす子供、授業に集中できない子供、忘れ物をする子供、学校に行きたがらない子供などが少なからずいますが、その子供に対して早期に支援して困難性を少なくしていくことです。本校では、この特別支援教育に、とても力を入れて取り組んでおります。」

②専門家からの意見（病院の受診の必要性）
特コ：「特別支援教育が始まったことにより、保育所、幼稚園、小学校、中学校、高校などに、大学や教育委員会の先生、特別支援学校の地域担当の先生、スクールカウンセラー、教育相談の先生、学習支援の先生、個別検査をする先生、保健師さん、お医者さん、市役所の福祉課の方など、様々な専門家の方々が学校に来てくださったり、相談にのってくださるようになりました。子供たちが抱えている様々な困難を、学校の先生だけでなく、専門家も交えて関係者で支援するためです。本校でも、専門家の先生方に定期的に訪問していただき、様々なアドバイスをいただいております。」
特コ：「実は、先日も専門家のA先生に訪問していただきました。そして、A先生から、「B君については、個別検査が終わっていて、検査結果を踏まえた指導をしているものの、不適応が改善されずなかなか安定していないので、きちんと病院の受診をして、詳しく診察していただいたほうがよいのではないかと強く言われました。そのようなことで、本日、お母さんを学校にお呼び立てして、お伝えしているわけです。」

③学級での実態（担任からの困難性）
特コ：「学校としても、B君の不適応が改善されないことがとても気になっていました。お母さん、家庭ではどうですか？」
母親：「家では、特に問題になるようなことはありません。」
特コ：「そうですよね。B君は〇〇〇ですものね。」（子供を褒める）
特コ：「ところで担任のC先生、クラスでのB君の様子はどうですか？」
担任：「B君は、〇〇〇です。」（最初に子供を褒める）
担任：「しかし、〇〇〇では、〇〇〇です。」（他の子供と比較して困っていることを話す）
　　＊注）LDは学習成績状況、ADHDは不注意・多動性・衝動性、ASDは対人関係・こだわり・自分の世界・感覚過敏・多弁、などの困難性を指摘する
特コ：「そうですか。やはり、困っていることは多いですか…。」
特コ：「B君は、家庭と学校での様子がだいぶ違うようですね。どちらも間違っていないと思うのですが…。どうして学校では、〇〇〇のようにできないことが多いのだと思いますか？」

母親:「…。よく分からないです。」
特コ:「おそらく家庭と学校とでは、刺激の多さと本人理解が違うからです。家庭では、きょうだいだけですから刺激が少ないです。それに、家族ですから、B君の性格や行動はよく分かっています。しかし、学校では、同級生の他、上級生や下級生とも関わります。B君の性格や行動も知らない子供たちもいるからです。ですから学校では、A先生がご指摘されたように、できないことや困難になっていることがあるのです。」
母親:「そうなのですね。」
特コ:「B君については、早めに支援して改善したいと考えております。そこで、学校としては、専門家の先生のご指摘の通り、早めに病院の受診をしていただいたほうがよいと考えております。<u>お母さん、いかがでしょうか?</u>」
母親:「…。」

④病院の受診のメリット(障害の理解、薬物治療、不適応の改善)
特コ:「病院での受診は、現在の状況がどうなのか(障害等があるのか否か)、安定するためにはどのようにしたらよいのか(改善するためにはどのようにしたらよいのか)、薬が必要なのかなど、医学的にはっきりしたことが分かります。学校でもB君の支援の方針が明確になります。さらに、B君の不適応となっている現在の状況をも改善が早まると思います。<u>お母さん、病院での受診はいかがでしょうか?</u>」
母親:「…は、はい…。」

<オプション(病院の紹介、病院への付き添いなどの追加説明)>
特コ:「病院の受診については、予約しても、現在とても混み合っていて4～5カ月かかることもあります。そこで、学校側が教育委員会や病院と相談して、早めに受診していただくように働きかけることもできます。」(地域によっては可能)
特コ:「病院の受診については、小児科などではなく、「精神科」や「療育センター」など、専門機関を紹介します。また、病院の受診は不安でしょうから、学校のほうでも、担任または特別支援教育コーディネーターが付き添うこともできるようにします。」

⑤将来の困難性(発達障害等の特徴、気質)や同様な事例紹介
特コ:「専門家のA先生のお話では、B君については、できれば、遅くとも小学校3年生くらいまでに困難を改善しないと、高学年になって学習成績が下がったり、中学生になって、ぶり返してトラブルの回数がさらに多くなったりすることを指摘されました。学習成績については、現在、授業に集中できないことや、覚えていないことが、後で影響を及ぼすと言われました。また、人間には、もっている様々な気質があり、その気質は、思春期になり反抗期として活発化すると言われました。学校の中には、早期に個別検査をしなかったので、支援方法が分からず、今でも対応に苦労している子供もいます。<u>お母さん、いかがでしょうか?</u>」(⇒承諾する場合は ア 、拒否する場合は イ に進む)

< ア 承諾する場合>
母親:「分かりました。先生がそこまで言われるなら。」
特コ:「ありがとうございます。受診してくださるのですね。B君のつまずきも早めに改善されると思いますよ。学校としてもA先生と連携をとって、これからも支援いたします。C先生、良かったですね。」
担任:「はい。私もB君のつまずきを早めに改善するように頑張ります。」
特コ:「それでは、学校のほうで、早急に受診できるように手配します。受診の日程などについては、後でお母さんのほうにご連絡します。」
特コ:「本日は、学校においでいただき、ありがとうございました。」⇒【面談終了】

<イ 拒否する場合>
⑥次回の面談（専門家の同席）を約束して経過観察の観点を提示
母親：「うーん、もう少し考えてみます。」
特コ：「お母さんのお気持ちは、分かりました。それでは、そのことを専門家の先生にお伝えいたします。学校のほうでは、経過を見ることにします。そこで、次回、また面談を設定させていただけないでしょうか。よろしいですか？」
母親：「はい。」　＊注）返答がない場合には、了解が得られるように促します。

特コ：「それでは、次回は〇月〇日にしましょう。」
　　＊注）日にちを必ず決定する。だいたい、3～6か月後に設定する。
特コ：「次回の面談までに、B君の経過についてみていきます。観察のポイントとしましては、〇〇〇（明確に観点を示す）などです。」
　　＊注）LDの場合は学習成績の点数、ADHDの場合はトラブル回数や離席の回数、ASDの場合は教師からの指示理解回数やこだわり回数など、数値化できるもので観点を示す。
特コ：「それともう一つ、次回の面談では、個別検査を実施していただいた検査員の先生やいつも巡回相談に来てくださる大学の先生も同席していただくかもしれません。」
特コ：「お母さん、よろしいですね。」　　＊注）×「よろしいでしょうか？」
母親：「はい。」
特コ：「本日は、ご足労をおかけいたしました。学校でも特別支援教育に力を注いでいきますので、今後ともB君の支援を最大限に考えていきます。ありがとうございました。」

<次回の面談（再度の面談）>
⑦再度の面談で経過観察の結果をグラフ化（数値化）して提示
特コ：「本日は、いつも学校に巡回相談をしていただいているF大学のG教授（または公認心理師、臨床心理士など）に同席をいただきました。後ほど、G教授にB君の経過観察について、お話しいただきます。よろしくお願いいたします。」
特コ：「さて、前回の面談では、B君の経過観察のポイントとして、〇〇〇を示しました。本日は、その結果お伝えします。担任のC先生、よろしくお願いいたします。」
担任：「B君について、3か月間の結果をグラフにまとめましたので、ご覧ください。」
　　＊注）結果は、必ず、他の子供と比較してグラフ化すること。
　　口頭説明では意味がない。比較がないと良し悪しが分からない。
担任：「B君の結果は、この前の面談から最近まで、〇〇〇のようになりました。他のお子さんは、一番良い子供で〇〇〇、平均で〇〇〇です。したがいまして、B君は、〇〇〇ということになります。」
　　（⇒改善してきた場合は、ウ、改善されない場合はエに進む）

<ウ 改善してきた場合は経過観察>
特コ：「B君は、この3か月、とても良くなりましたね。改善してきたのではないですか。本人もお母さんも努力した結果だと思います。これからも続けてください。」
教授：「私も、これまで〇年生からB君を見てきましたが、最近少し落ち着いてきたようですね。でも安心してはいけませんよ、お母さん。病院の受診は、もう少し様子を見てからでもよいのではないでしょうか。」
特コ：「G教授、分かりました。病院の受診は、もう少し様子を見てから検討します。」
母親：「ありがとうございます。」
特コ：「それでは、次回は〇月〇日にしましょう。さらに良くなることを期待しています。」
担任：「今度もまた経過を見てお知らせしますね。私もB君をさらに支援していきます。」
特コ：「本日は、ありがとうございました。」⇒【面談終了】

<エ 改善されない場合は、さらに病院の受診の説得>
特コ：「B君のこの3か月間を見てきましたが、良くならないですね。〇〇〇のところは、悪くなっています。このままだと、できないことや困難になっていることがさらに多くなると予測されます。本人も困っていると思います。」
教授：「私も、これまで入学当初からB君を見てきましたが、なかなか改善されませんね。この先もずっと同じような状況が続くと思われます。お母さん、私は早めに病院の受診をしたほうがよいと思いますよ。病院の受診をしてはいかがでしょうか？」（⇒承諾する場合は オ 、拒否する場合は カ に進む）

<オ 承諾する場合>
母親：「大学の先生が勧めるのなら…。はい。分かりました。」
特コ：「ありがとうございました。病院は分からなければ学校で紹介しますし、不安であれば、病院の予約を一緒に行いましょう。」
母親：「よろしくお願いいたします。」
担任：「お母さん、安心しました。B君は良くなると思いますよ。」
特コ：「本日は、ありがとうございました。」⇒【面談終了】

<カ 拒否する場合>
母親：「…うーん。もう少し様子を見させてください。頑張りますから。」
特コ：「そうですか。はい。分かりました。それでは、引き続き経過観察をします。次回の面談は、〇月〇日にしましょう。」
特コ：「本日は、ありがとうございました。」⇒【面談終了】

＊注）再度拒否した場合には、経過観察を継続し再度面談する。

ステップ2　専門家が複数で保護者に説明

☞ ステップ1の方法で、何度か病院の受診を説得しても承諾されない場合には、専門家チーム（大学教授、公認心理師、臨床心理士など）の他に、個別検査担当者にお願いして説明していただく方法もあります。

ステップ2　特別支援学級該当の可能性

☞ 病院の受診を拒否するということは、障害の理解や薬物治療をしないということになるので、本人の不適応状況（トラブル、離席、暴言、学習の遅れ等）が改善されずに継続していきます。また、障害が確定しない（診断名がない）ことにより、個別の指導計画の作成等もされず、適切な指導・支援が受けられないことにつながります。

ステップ3　学校内や学校間で受診順番の入れ替え

☞ 何度か面談を重ねて、やっと病院の受診をしてもらえたとしても、病院によっては、初診の予約が6か月先、1年先となることさえあります。早い病院でも3～4か月先でしょうか。子供は不適応状況が改善されないわけですから、数か月先まで待てません。保護者も持ちくたびれてしまいます。そこで、不適応状況により、学校内や地域の学校間で受診の順番を交換して早くする方法もあります。

ステップ3　病院と連携して「新患枠」を確保

☞ 特別支援教育システムが整っている地域では、教育委員会と病院とが連携を取り合って、毎月の「新患枠」を確保しています。緊急性のある場合には、早急に診察が受けられ、早期に改善が図られることがあります。

93 障害理解

薬物治療を拒否している

ADHDの診断がある子供が主治医から服薬を勧められていますが、服薬そのものを拒否したり、効果が見られないので勝手に中止したりしています。本人は、薬の名前や服薬する理由がよく分かっていないようです。保護者も服薬に対して抵抗感があるようです。

説明のポイント

- ☑ 十分な薬の説明（薬名・効果・副作用等）と同意（インフォームドコンセント）
- ☑ 服薬後の記録を付け保護者や主治医に報告
- ☑ 本人・保護者の拒否する理由を確認
- ☑ 必要な場合には面談を実施

説明方法

ステップ1 薬物治療の重要性を本人・保護者に説明

☞本人や保護者は、病院で服薬を勧められて薬の説明を受けますが、医師の説明を十分に理解していない、毎日の服薬を飲み忘れてしまう、休日に勝手に服薬を中止するなど、薬物治療を重要視していない場合があります。そのため、服薬した日は安定しますが、飲み忘れた場合には不適応状態となります。そこで担任や養護教諭は、薬についての知識（薬名・効果・副作用等）を得ながら、医師をサポートする形で、本人・保護者に対して服薬の有無を確認し、学校での様子を伝えたり、薬の効果や副作用などを説明したりします。

ステップ1 担任の記録と保護者や主治医への報告

☞担任は、学級の中で不適応となっている子供が何とか病院の受診まで至り、服薬を始めると急に安心してしまうことがあります。しかし、この初期段階にきちんと対応しないと、投薬を拒否してしまうことがあります。服薬直後には、問題行動が改善されてきたのか、薬が適量なのか、効き目があるか、副作用が見られるのか等、経過観察して記録をつけて、保護者を通じて主治医に報告することが重要です。保護者には連絡帳に記述し、また、主治医とは定期的に連携するとよいでしょう。

☞子供が服薬したにもかかわらず、何となく効果がないように感じる場合には、いくつかの理由があります。それには、まず、事例78「抗ADHD薬を飲んでいても落ち着かない」（114頁）の確認事項を参照して対応することから始めます。

ステップ2 服薬を拒否する理由の確認

☞本人または保護者が服薬を拒否したり、飲み忘れる理由を確認することが必要です。服薬を拒否している、飲んでいないような気がすると担任が感じたら、すぐに保護者に連絡したり面談すること必要です。以下のように、子供側と保護者側の両者からその理由を確認します。

子供側の理由	保護者側の理由
・薬が合わず気分が悪くなる。 ・副作用の症状が出る。 　（寝る、集中力がない、頭痛や腹痛になる） ・錠剤が飲みにくい。 ・めんどうである	・子供らしさ(表情、行動)がなくなる。 ・効果が見られない。 ・食欲が少なく、成長が止まる。 ・毎日の確認が面倒である。 ・一生、飲み続けなければならないのか。

ステップ2 本人・保護者と手順を明確にして面談

☞面談の手順については、事前に話す項目（内容）を確認します。面談場面では、この項目（内容）の順番に従って話していきます。

①服薬開始の確認　　　　　　　　⑦服薬しない理由の確認
②学校での様子を報告　　　　　　⑧服薬している薬の説明（副作用）
③家庭での様子を確認　　　　　　⑨追加の薬の説明と確認
④服薬している薬の説明1（効能）　⑩服薬している薬の説明3（効能）
⑤継続して服薬しているかの確認　⑪主治医との連携
⑥服薬している薬の説明2（効能）　⑫服薬の再確認と約束

【服薬を拒否している本人・保護者との面談例】

教師：「本日は学校においでいただき、ありがとうございます。本日の面談では、A君の現在の学校での様子と、今後の対応について話し合いたいと思っております。よろしくお願いいたします。」
母親：「はい。よろしくお願いいたします。」
教師：「A君、今日は、あなたのことについて話し合いますね。」
本人：「はい。」

①服薬開始の確認
教師：「お母さん、A君は、〇月〇日から、コンサータのお薬を飲まれるようになりましたよね。とてもよかったですね。服薬開始後から、私も毎日A君の様子を見て、記録をつけています。それを連絡帳に書いてA君に渡していますが、お母さん、ご覧になっていらっしゃいますか？」
母親：「はい。」

②学校での様子を報告
教師：「服薬開始から1か月を過ぎましたが、どうも、私には薬が効いている日と、薬が効いていない日があるように思えます。友達とのトラブルは、だいぶ減ってきてはいるものの、まだまだ改善が見られていないような印象です。学習に集中できない時もあります。特に月曜日に不安定になることが多いようです。」

③家庭での様子を確認
教師：「ご家庭ではどうでしょうか。その後、変化はありますか？」
母親：「〇月〇日からコンサータを飲ませていますが、家庭では、今までとそれほど変わらないような気がしています。」
教師：「〇〇君、お薬を飲み始めてから、何となくよくなったと思う？」
本人：「まあまあかなあ。よく分からない。」
教師：「そうですか。お母さん、家庭ではトラブルになることがありますか？」
母親：「飲む前とほとんど変わらないと思います。」

④服薬している薬の説明①（効能）
教師：「お母さん、コンサータというお薬は、日中だけしか効き目がないというは、ご存じでしたか。」
母親：「そうなんですか？」
教師：「そうなんですよ。コンサータは、1日10～12時間しか効き目がないそうです。したがって、朝の時間帯と、家に帰ってからは全く効き目がなくなるようです。」
母親：「そうでしたか。」
教師：「A君は、放課後、学童クラブ*に行っていますよね。学童クラブの指導員さんからは、何かお話はありましたか。」 ＊注）中学生の場合には、部活動や学習塾のことを話す。
母親：「そういえば、これまでと同じで、指導員さんからは、友達とケンカすることがあるとか、宿題をやりたがらないと言われました。」
教師：「そうでしたか。コンサータは15時過ぎから効き目がなくなりますから、トラブルが起きるのかもしれませんね。」
母親：「だから、まだトラブルがあるのですね。いま分かりました。」

⑤継続して服薬しているかの確認
教師：「ところでお母さん、毎日、お薬を飲ませていましたか？」
母親：「あまり効き目がないので、飲ませなかった時もありました。私も仕事をしていますので、朝に時間がないと忘れてしまうこともあります。また、学校が休みの時も飲ませていませんでした。すみません…。」
教師：「A君、ちゃんと毎日飲んでいた？」
本人：「飲まなかった時もある。」

⑥服薬している薬の説明②（効能）
教師：「お母さんもA君も、正直にお答えくださって、ありがとうございます。このコンサータは、毎日継続して飲まないと効果がないようです。しかも学校で勉強している時に効果があらわれます。つまり、興奮しなくなり集中できるようになるので、友達とのトラブルが減ったり、勉強に集中して取り組めるようになったりします。その結果、学習成績も上がるかもしれません。残念ですが、家庭ではあまり効果は期待できないようです。ですから、継続して飲ませていただきたいのです。飲んだり飲まなかったりすると、薬の効き目が弱まると聞きました。よろしくお願いいたします。」
母親：「分かりました。明日から毎日飲ませます。」
教師：「A君、薬は毎日飲まないと、よくならないから、明日から毎日飲もうね。」
本人：「はい。」

⑦服薬しない理由の確認
教師：「ところで、お母さん、コンサータを飲ませなかった理由はありますか。」
母親：「はい、食欲がなくなったのと、子供らしさがなくなったような気がしています。」
教師：「A君、お薬は飲みやすいですか？」
本人：「喉に詰まって、飲みにくい。」

⑧服薬している薬の説明（副作用）
教師：「そうなのね。実は、コンサータの副作用には、食欲不振があるようです。学校でも給食を食べなくなりました。A君が給食を食べられなくなったのは、副作用だと思われます。」
教師：「A君、お薬はカプセルに入っているでしょう。このカプセルは、お腹に入って胃液で少しずつ溶かすんだよ。全部溶ければ終わり。お薬が一番効くのはお昼頃です。一番効く時に副作用も強くなるということです。だから給食が食べられなくなるのです。お薬がなくなり始めるのが午後のだいたい3時過ぎです。学校が終わる頃だよね。そうすると、だんだんイライラし始めます。夕方の6時には、お薬が全部なくなります。A君、イライラしても我慢してね。頑張るんだよ。」

教師:「安心してください。薬を飲んで、それが効いている時には、とても落ち着いて勉強しています。でも、飲んでいない時には、やはり以前と同じでトラブルがあります。」
母親:「そうですか。」
教師:「ですから、これからは毎日継続して飲ませていただくと、安定していくと思われます。」
教師:「A君、お薬は毎日飲んでね。」
本人:「はい。」

⑨追加の薬の説明と確認
教師:「お母さん、何か質問はありませんか?」
母親:「夜は少しイラつくのですが、どうしたらよいですか。時々興奮して寝付けない時もあります。」
教師:「先ほど、コンサータは、夜に効き目がなくなることを説明しました。もし、夜も安定させたいとのお考えなら、別の薬をプラスする方法があると聞きました。ストラテラやインチュニブという薬です。お薬のことは、詳しく分かりませんので、主治医の先生と相談してください。」

⑩服薬している薬の説明3（効能）
教師:「その他にありませんか?」
母親:「コンサータは、量が増え続けると聞きました。薬漬けになったりしないのでしょうか。」
教師:「これも私が薬のことを勉強したり、他の子供が飲んでいる例から申し上げます。コンサータの量は、身長ではなく体重で決まります。体重が増えてしまうと、体が大きくなるので効き目が弱くなり、量を増やさなければならないようです。ですから、体重はコントロールしたほうがよいと思います。学校でも月に1回、体重測定して経過観察します。他の子供は、3年間ぐらい安定したので量を次第に減らし、止めた例もありますよ。お薬については、主治医の先生から詳しくお聞きになられた方がよいかもしれませんね。」

⑪主治医との連携
母親:「先生、いろいろと教えていただき、ありがとうございました。今度病院に行った時に、主治医の先生に聞いてみます。」
教師:「それはとてもいいですね。病院に行く時には、差し支えなければ私も同行させてください。」
母親:「いいですよ。」
教師:「A君、先生も病院に行っていいかなあ?」
本人:「いいよ。」

⑫服薬の再確認と約束
教師:「今日は、A君のお薬について話し合いました。分からなかったり、誤解したりしていることもあったようですが、理解していただけて本当によかったです。」
教師:「A君、これから先生は、薬を飲んでいないような時には声を掛けるし、飲んでいる時にも効いているか声を掛けますね。A君も調子が悪くなった時には、先生に教えてください。約束していいかなあ?」
本人:「はい。」
教師:「お母さんも約束してくださいますか?」
母親:「はい。」
教師:「本日は、長い時間ありがとうございました。これで終わります。」
母親:「ありがとうございました。」

94　障害理解

検査や受診を拒否しているため トラブルや不適応状況が継続している

小学校の時から粗暴でADHDの疑いがありますが、個別検査の受検や病院の受診を拒否し続けている子供がいます。中学生になり、「ぶり返し」が起こり、トラブルが目立ち暴力行為もあります。その都度、保護者を呼んで面談しますが、なかなか良くなりません。

説明のポイント

☑ 可能であれば専門家が同席し障害や気質の自己理解する「場」を設定
☑ 本人が理解しやすい部活や趣味に置き換えてルールを説明
☑ 問題行動が改善しなければ、病院の受診を約束
☑ 過去の事例を紹介して念を押す

説明方法

ステップ1　専門家が同席した面談を実施

☞これまで何度も個別検査の受検や病院の受診を拒否している場合には、専門家（大学教授、公認心理師、臨床心理士等）が同席した面談も実施します。
☞問題行動が「ぶり返し」しているわけですから、今後も改善することは少ないでしょう。そこで、本人・保護者に対して、「今度、相手を傷つけたら、個別検査の受検と病院の受診をする」ことを確約させます。つまり、明確な条件を提示することが重要です。

ステップ1　自己理解の手順を明確にして実施

☞自己理解の説明では、事前に話す項目（内容）を確認し、以下に示すような順番にしたがって話していきます。本人に自己理解を促すだけでなく、保護者に対しても同様に、障害の受容を促し、個別検査の受検や病院の受診へつながるようにします。場合によっては、薬物治療の効果も説明します。

①現在の状況やこれまでの経緯（問題行動やトラブル発生等を自覚する）
②自分と友達との違いの思考（なぜ適応できないかを考える）
③問題行動の要因（強い気質や障害の疑いがあることを認識する）
④問題行動の継続性（今後も継続することを理解する）
⑤問題行動を改善するための具体的な方法（部活や趣味などを最大限活用して理解する）
⑥今後予想される問題行動（どのような場面で発生するかを推測する）
⑦今後問題行動が発生した場合の対応（個別検査の受検や病院の受診を約束する）
⑧過去の改善事例を紹介して念を押す（薬物療法や行動療法を理解する）
⑨全校体制で共通理解した支援（全教職員から見守られていることを認識する）

ステップ2　特別支援学級への転籍を促す

☞問題行動が頻発し、友達を傷つけているわけですから、「不適応行動が改善されない」として、本人・保護者に通常の学級から特別支援学級への転籍を勧めます。ただし、転籍する場合には、「障害名」等が必要なこともありますから、就学支援委員会で検討していただくよう手続きを進めます。

【問題行動があり障害の自己理解を促す面談例】

対象：通常の学級に在籍する中学1年男子（A君）
診断名なし。専門家チームからは、「注意欠如多動症（AD/HD）の疑い」の判断あり。
特性（気質）、学習面や生活行動面は、以下の通りです。
・多動で、落ち着きがないタイプ。特定の友達とのトラブルが多い。
・忘れ物が多い。宿題もしてこないことが多い。文字が乱雑で書字障害の傾向がある。
・教師の指示に対して、時々、反抗的な態度をとることがある。
・学習の成績は、次第に下がってきている。
・サッカー部に所属し、レギュラーとして活躍している。
・個別検査と病院の受診を保護者と本人が拒否している。

①現在の状況やこれまでの経緯（問題行動やトラブル発生等を自覚する）

教師：「お父さん、お母さん、今日はお忙しい中、お呼び立てして申し訳ございませんでした。」
教師：「これから、A君のことについての面談をします。よろしくお願いいたします。」
父母：「よろしくお願いいたします。」
教師：「A君、最近、勉強や友達との関係、部活のサッカーで、何か困ったことや悩みごとはありますか？」
本人：「特に、ないっす。」
教師：「そうですか。おとといの放課後、B君の顔にケガをさせたよね。」
本人：「別に俺だけが悪いわけでなく、あいつにも悪いところがある。」
教師：「先週も、悪ふざけして、C君の胸をどついたよね。」
本人：「あれは、C君から仕掛けてきたんで、俺からではありません。」
教師：「そうですか？ 今話した2つの件は、A君から仕掛けたと聞きましたよ。」
本人：「先生は、あいつらの肩を持つのですか？」
教師：「別に、先生は、B君やC君の肩を持つわけではないけど、聞き取りや現場にいた生徒からの情報を総合的に判断すると、どうも、A君から仕掛けたようですね。」
本人：「俺、やってねーし。」
教師：「お父さん、お母さんは、どう思われますか？」
父親：「まあ、息子の言い分もあるけど。昔は、こんなこと、結構あったような気がするな。」
母親：「B君やC君とは、小学校から何回もこのようなことがありましたから。たぶん、息子と合わないのだと思います。息子には、常日頃から関わるなと言っています。」

②自分と友達との違いの思考（なぜ適応できないかを考える）

教師：「ところでA君、なぜ、みんなはほとんどケンカしないで仲良くしているのに、A君と一部の生徒だけがトラブルやケンカが多いのか分かる？」
教師：「A君は友達と違うところがあると思うのだけど、どう？」
本人：「同じだと思うけど。よく分かんない。」

③問題行動の要因（強い気質や障害の疑いがあることを認識する）

　　＊注）障害の疑いを言えない場合には、別の言葉「気質」等で言う。
教師：「先生は、A君がみんなと同じようにできないことがあると思います。」
本人：「そうかなぁ。」
教師：「A君は、下級生に対して面倒見が良いところもあるけど、すぐキレて、カーッとなるところがあるよね。ケンカも早いよね。時には、暴力を振るうこともあるよね。」
教師：「このようなことは、（頭を示して）脳に関係しているのです。人間は誰しもが生まれつき気質を持っていて、おそらくA君は、友達よりも強い気質を持っているのだと考えられます。気質とは、性格や個性と似ていますが、違うのです。気質は生まれつきもっているので、なかなか変えられません。例えば、神経質な人は大人になっても神経質が治らないし、片付けられない人はいつまでたっても

　　　　片付けが上手にならないし、忘れ物が多い人はいつも忘れるよね。気質は、お父さんやお母さん、
　　　　おじいさんやおばあさんにも似たようなところがあると思います。」
教師：「先生も、いろいろな気質を持っています。思い込んだら一途になることや神経質なこととかね。と
　　　　ころで、お父さんやお母さんは、このような生まれつきの気質がありますか？」
父親：「俺も昔、ケンカっ早かったかな。」
母親：「私は、人に言い過ぎるところですかねぇ。」
教師：「そうですか。お父さんもお母さんも、いろいろな気質があるのですね。」
教師：「気質はみんなが持っているもので、少なかったり弱かったりするとよいのですが、気質がさらに多
　　　　くなって強くなっていくと、不適応を起こしてしまいます。つまり、人に迷惑になる行為やみんな
　　　　と同じようなことができないことが多くなります。そうなると、障害につながるようなことがある
　　　　かもしれません。」

　　＜専門家が同席する場合＞
　　教師：「D大学のE教授は、これまでどのようにA君の経過を見てこられましたか？」
　　教授：「これまでA君の様子を経過観察していましたが、問題行動が改善されておりませんね。これは、
　　　　　脳と関係があり、『ADHD』と言って、多動性・衝動性の障害の疑いがあります。『ADHD』は、
　　　　　小学校に入る前から発症します。おそらく、保育所・幼稚園や小学校低学年の時から、落ち着
　　　　　きのないお子さんだったのではないでしょうか。『ADHD』は、早めに個別検査を受けたり病
　　　　　院受診をして薬物治療をすれば、よくなります。これまでA君は、残念ながらこのようなこと
　　　　　をしてこなかったので、改善することが少なく、今でも継続しているということです。とにかく、
　　　　　このような状況ではこれからも継続しますから、すぐにでも病院の受診を考えられたほうがよ
　　　　　ろしいですよ。」
　　父親：「そうですか。」
　　母親：「はい。分かりました。」
　　教師：「E教授、ありがとうございました。」

④問題行動の継続性（今後も継続することを理解する）
教師：「さっき、A君がキレて、カーッとなったり、友達に暴力を振るというのは、気質に関係しているの
　　　　ではないでしょうか。この気質は、生まれつきですから、これから大人になっても、おそらく、
　　　　それほどよくならないと思われます。」
教師：「A君、これまでも改善されないのだから、これからもまた、友達とのトラブルがあると思うよ。」
教師：「お父さん、お母さん、今言ったように、これからも友達とトラブルを起こして、また、このように
　　　　面談を重ねると思いますよ。」
母親：「そうですか…。」
父親：「俺も、今こうして、ちゃんと仕事をやっているんだから、そのうち何とかなるんじゃないの？」
教師：「今の世の中は、お父さんの子供時代とだいぶ違います。やはり、トラブルがあったら、きちんと改
　　　　善させなくてはならないのです。それが今の教育なのです。」

⑤問題行動を改善するための具体的な方法（部活や趣味などを活用して理解する）
教師：「A君、これまで、ケンカなど問題行動があったので、これから問題行動を改善していくために、気
　　　　質を少なく小さくしていく方法を考えていきましょう。」
教師：「A君は、サッカーしているよね。」
本人：「はい。」
教師：「A君は、サッカーのレギュラー選手だから、当然ルールも知っているよね。」
本人：「一応。」
教師：「それでは、例えば、試合中に相手の選手の足を引っ掛けたらどうなる？」
本人：「イエローカードです。」
教師：「そうだよね。それでは、相手の選手の胸ぐらをつかんで殴ったらどうなる？」

本人：「レットカードで退場です。」
教師：「そうだよね。一発退場だよね。イエローカードは2枚で退場となるよね。」
教師：「サッカーの試合も、学校での授業中も、みな同じです。授業中にルール違反をしたら、ペナルティです。例えば、席を離れる、勝手にしゃべる、話しを聞いていない、迷惑な行為をする、などです。」
本人：「俺、授業中はおとなしいっす。ケンカになるのは休み時間だもん。」
教師：「A君、授業中も休み時間も同じです。サッカーの試合でハーフタイムの時間に、相手の選手に、いちゃもんをつけたり、殴りこみに行ったらどうなる？ ありえないでしょう。当然、ペナルティで罰金を受けて、何試合か出場停止だよね。分かる？」
本人：「は、はい。分かってます。」
教師：「そうだよね。学校にいる時間は、学校のルールがあります。ルールだから、当然、守らなければいけないのです。」
教師：「ルールについて、もっと具体的に言うよ。」
教師：「サッカーでは、試合前にどんなことをするの？」
本人：「練習をします。」
教師：「どんな練習なの？」
本人：「パス回しやシュートの練習です。ランニングや準備体操もします。」
教師：「それでは、試合が終わった後は、何するの？ さっさと帰るの？」
本人：「いや、反省会をして、また、練習する時もあります。」
教師：「そうだよね。練習や反省会、するよね。」
教師：「今、A君が言ったことを学校のことと置き換えてみようか。」
教師：「サッカーでの練習は勉強の予習と同じだね。反省会は宿題だよね。その他、ユニホームはみんな同じものを着ているから、これは教科書やノート、あるいは制服などのこと。その他、審判は担任や教科担当の先生方、レギュラー選手は学級のみんなのことです。」
教師：「つまり、サッカーでは、練習や反省会をしないと負けてしまいます。同じユニホームを着ないと試合に出られません。審判の指示を守らないとペナルティを受けます。選手同士が組織的に協力し動かないと点は取れません。集中力が途切れると相手に得点を与えてしまいます。」
教師：「学校では、授業を集中して聞き、予習や宿題をすることによって成績が上がります。教科書やノートなどを忘れないで持ってくることによって学習の準備ができます。制服をきちんと着ることによってカッコいいと言われます。友達の意見や思いやる気持ちを持つことで学級が団結します。もし、ルールが守れないと今日のようにペナルティとして、保護者の呼び出しがあります。反省文を書かせられることもあります。」
教師：「A君、サッカーも学校も全部共通するよね。みんなルールを守って取り組んでいるのです。分かるよね？」
本人：「はい。」
教師：「分かるのだったら、明日からルールを守れるよね。サッカーだけルールを守って、学校ではルールを無視するなんて、あり得ない！ できるよね？」
本人：「はい。」

教師：「今度は、勉強のことを話そうか。これも、全部サッカーで考えれば簡単だよ。」
本人：「サッカーで考えるんですか？」
教師：「そうです。A君は、漢字と英語が苦手だよね。サッカーで覚えてみようか。好きな日本選手やチームと外国人選手とチームは誰？」
本人：「日本人選手は久保建英（くぼたけふさ）、チームは地元の浦和レッズかな。外国人選手では、やはりメッシ。チームはバルセロナです。」
教師：「A君、さすがいいとこ突くねぇ。それでは、ここに紙があるから、今言った選手とチーム名を日本語と英語（スペイン語）で書いてごらん。」
本人：「ここに書くのですか？」

教師:「そうです。」
本人:「ちょっと…、久保は何と書くんだっけ。メッシのスペルは、こうでいいかなぁ。」
教師:「終わった?」
本人:「あまり書けませんでした。」
教師:「どれどれ、ちゃんと書けてないよ。」
教師:「今、サッカーで1年生なのにレギュラーなのはすごいと思うけど、漢字や英語が書けないのは、ちょっと恥ずかしくない?」
教師:「サッカー選手は、ほとんど海外を目指しているから英語、イタリア語、スペイン語などの勉強をしているし、野球のメジャーリーグに入団した菊池雄星選手、バスケットボールのNBAに入団した八村塁選手、サッカーのレアルマドリードに入団した久保建英選手などは、みなさん通訳なしの英語やスペイン語で会見したよ。みんな頭いいよね。」
教師:「宿題として、今言った好きな選手の名前とチームのレギュラー選手名を全部、日本語と英語(スペイン語)で書いてきてください。そのくらいはできるはずだ!」
教師:「日本や外国のサッカー選手をたくさん書けば書くほど、漢字と英語が覚えられるよ。毎日コツコツ書いていけば、学校の国語や英語の成績も上がるかもしれないよ。」
本人:「やってみようかな。」
教師:「その他、サッカー場のグラウンドの大きさを縮小して書けば図形の勉強、シュートを放った回数のうちゴールに入った回数を求めると割合の勉強、つまり数学の勉強になるのです。サッカーで考えれば、いろんな勉強に応用できます。面白いように勉強が進む。川崎市教育委員会では、川崎フロンターレに関する算数ドリルを配布しています。野球では、阪神タイガースの漢字ドリルもあるよ。本屋さんで買って勉強してみたら。」
本人:「そんなのがあるんだ。知らなかった。やってみようかな。」
教師:「ぜひ頑張って。」

⑥今後予想される問題行動(どのような場面で発生するかを推測する)
教師:「やる気になったのはいいけど、やはり、ケンカやトラブルは改善してもらわないと困ります。A君、今までを振り返って、例えば今後、どんな場面でケンカやトラブルが起きると思いますか?」
本人:「友達から仕掛けられた時かなぁ。」
教師:「カッとなって、自分から仕掛ける時もあるでしょう。」
教師:「友達から仕掛けられた時や、自分から仕掛けないようにするためには、どのようなことに気を付けなければなりませんか。」
本人:「…うーん。」
教師:「自分の気持ちを抑えられるかです。よい方法がいろいろあります。」
教師:「仕掛けられたらその場から逃げる、あるいは先生に相談することです。自分から仕掛けそうになったら深呼吸する、今日の面談を思い出して、ルール違反でペナルティが与えられることを思い出してください。」
本人:「分かりました。できるかなぁ。」

⑦今後問題行動が発生した場合の対応(個別検査の受検や病院の受診を約束する)
教師:「もし、また今度、友達にケガを負わせた時には、レッドカードですから退場です。退場の時は、しばらく反省をしてよくなったら再度、出場できます。学校では、犯罪行為にまで発展しないよう、しっかり改善させるために、個別検査の受検や病院の受診をしていただいて原因を突き止め、適切な指導をします。お医者さんによっては、薬を使うこともあるかもしれません。このことを理解してください。約束してください。」
教師:「もう一度言います。A君、約束してください。いいですね!」 *注) ×「いいですか?」
本人:「はい。」
教師:「お父さん、お母さん、よろしいですね。」 *注) ×「よろしいですか?」

父母:「はい。」

⑧**過去の改善事例を紹介して念を押す**(薬物療法や行動療法を理解する)
教師:「実は、過去に同じような事例がありまして、このように約束をしたのですが、結局のところ、その子供は病院に行きませんでした。当然、問題行動は改善することなく、また暴力沙汰を起こし、改善されないまま卒業しました。勉強もしなかったので、希望する高校に入れず、現在は通信制の高校に入りましたが、毎日自宅でひきこもってるようです。」
教師:「このような事例と同じようにならないことを願っています。」
教師:「一方、別の子供はすぐに病院の受診をして、薬物治療をした結果、問題行動が少なくなり、集中して勉強できるようになって希望する高校で学んでいます。」
教師:「お父さん、お母さん、A君の将来がかかっていますので、よろしくお願いします。」
父母:「はい。」

⑨**全校体制で共通理解した支援**(全教職員から見守られていることを認識する)
教師:「A君の今回の件につきましては、学校の全体の問題として受け止めております。したがいまして、今後は、全教職員でA君のことを見守って支援をしていきます。よろしいでしょうか。」
教師:「本日は、お父さん、お母さんを交えて、A君のことについて話し合いをすることができました。そして、改善の方向性が見えたことで安心しました。これからは、A君の自己理解の仕方次第です。学校も支援しますので、A君も頑張ってください。そして、お父さん、お母さん、A君をあたたかく見守ってください。」
教師:「本日は、どうもありがとうございました。これで終わります。」
父母:「ありがとうございました。」
本人:「ありがとうございました。」

95　在籍変更

通常の学級から特別支援学級への在籍変更を拒否している

子供が通常の学級に在籍していますが、極端な学習の遅れや問題行動が頻発して不適応状況にあります。担任としては、知的障害特別支援学級や自閉・情緒障害学級に在籍変更させたいと考えていますが、本人・保護者が拒否しています。

説明のポイント

- ☑ 用意周到で根拠のある資料の提示
- ☑ 特別支援学級でのメリットを最大限に説明
- ☑ 将来像（高等学校や卒業後の就職）のイメージを持たせる
- ☑ 拒否する要因を分析して一つ一つ解決

説明方法

ステップ1　面談では本人も参加させる

☞ 在籍変更の面談の場合、保護者だけの出席があります。しかし、本人には、十分な説明がされないこともありますから、本人も参加させます。また、担任だけでなく、管理職、特別支援教育コーディネーター、特別支援学級担任も出席するようにします。面談では、本人が困っていることを引き出すようにします。

☞ 説明が難しい場合には、教育委員会（就学支援担当主導主事）や専門家チーム（大学教授、公認心理師、臨床心理士など）の方も出席していただくようにしましょう。

ステップ1　根拠となる資料の提示

☞ 本人・保護者が「特別支援学級に行きたくない！」と拒否する理由には、通常の学級のみんなと一緒に勉強したい、特別支援学級に在籍すると孤立するのではないか、特別支援学級のイメージが悪い、特別支援学級で本当に指導の効果があるのか、世間体を気にする、家族内での反対者がいる、など様々にあります。これらの思いや考えを全てクリアしなければ、特別支援学級への在籍変更にまで至りません。したがって、用意周到な準備と期間が必要となります。

☞ 特別支援学級に在籍変更する対象児には、当然、市区町村の就学支援委員会に提出する資料を整えているはずです。在籍変更する面談では、本人・保護者に以下のような根拠となる資料を提示します。そして、本人の状況が「特別支援学級の就学基準に該当する」ことを説明します。場合によっては、その資料を本人・保護者に見せながら説明します。

①『特別支援学級の対象者である障害の程度』（「教育支援資料」文部科学省，2013）の就学基準
②個別検査（WISC-Ⅳ、KABC-Ⅱなど）の結果や判定
③専門家チーム等の判断や意見
④学校での実態（学習成績表、生徒指導資料、健康記録簿、出席簿など）
⑤専門機関（医療、福祉、就学支援員会など）での診断書・判断書・意見書など

☞ 通常の学級から特別支援学級へ在籍変更するか否かの障害別の具体的な見極めについては、以下の通りです。特別支援学級の就学基準と照らし合わせながら検討します。

種別	具体的な見極めのポイント
知的	当該学年の学習理解が相当困難であるなど（2学年以上の遅れ、IQ70以下）
肢体	歩行がぎこちない、転びやすい、集団行動が極端に遅れる、作業が極端に遅いなど
病弱	エアコン等の温度や空調の調節を必要としている、体調不良が多い、気分の差が大きくて不安定になっている、薬物治療でも改善しないなど
弱視	拡大文字でも限界がある、物に目を近づけて見るなど（矯正視力0.3未満）
難聴	教師の声が聞き取れない、聞きもらしが頻繁、反応が遅いなど（軽度難聴25dB以上40dB未満、中度難聴40dB以上70dB未満）
言語	発音が不明瞭、聞き取れない、吃音が激しいなど
自情	対人関係が極端に苦手である、こだわりがあり切り替えできない、集団活動が苦手である、学校で誰とも話さない、薬物療法でも改善しないなど

【特別支援学級の対象者である障害の程度（「教育支援資料」文部科学省，2013）】

障害の種類	障害の程度
知的障害	知的発達の遅滞があり、他人との意思疎通に軽度の困難があり日常生活を営むのに一部援助が必要で、社会生活への適応が困難である程度のもの
肢体不自由	補装具によっても歩行や筆記等日常生活における基本的な動作に軽度の困難がある程度のもの
病弱・身体虚弱	一　慢性の呼吸器疾患その他疾患の状態が持続的又は間欠的に医療又は生活の管理を必要とする程度のもの 二　身体虚弱の状態が持続的に生活の管理を必要とする程度のもの
弱視	拡大鏡等の使用によっても通常の文字、図形等の視覚による認識が困難な程度のもの
難聴	補聴器等の使用によっても通常の話声を解することが困難な程度のもの
言語障害	口蓋裂、構音障害のまひ等器質的又は機能的な構音障害のある者、吃音等話し言葉におけるリズムの障害のある者、話す、聞く等言語機能の基礎的事項に発達の遅れがある者、その他これに準じる者（これらの障害が主として他の障害に起因するものでない者に限る。）で、その程度が著しいもの
自閉症・情緒障害	一　自閉症又はそれに類するもので、他人との意思疎通及び対人関係の形成が困難である程度のもの 二　主として心理的な要因による選択性かん黙があるもので、社会生活への適応が困難である程度のもの

ステップ2　説明の手順を明確にして実施

☞ 在籍変更を拒否されてしまうのは、理論的に説明していないのかもしれません。面談に臨む前に、右のように話す内容を整理して順番に項目化することが必要です。特にポイントとなるのは、学級の中で本人を排除するような印象を持たせないことです。本人・保護者には、「就学基準に照らし合わせて、市区町村（または学校内）の就学支援委員会で判断された」ことを伝えるといった説明の仕方がよいでしょう。

①就学支援委員会や専門家からの意見
②就学基準（教育支援資料）
③通常の学級での実態（担任からの意見）
④将来像と困難性（高校や就職のイメージ）
⑤特別支援学級でのメリット
⑥通常の学級における集団指導と個別配慮の限界
＊拒否された場合
⑦今後の支援内容（支援体制、合理的配慮）
⑧保護者への協力要請
⑨拒否する要因の確認
⑩次回の面談の約束
⑪経過観察のポイントの提示（障害別）

【通常の学級から特別支援学級へ在籍変更する場合の面談例】

【対象児の概要】
・通常の学級に在籍する小学校3年男子（A君）
・就学支援委員会の判断名：「知的障害（極端な学習の遅れ）」
・KABC-Ⅱ：認知68（継次67、同時75、計画70、学習65）、習得67（語彙70、読み74、書き69、算数65）

【面談の出席者】
・本人、保護者（母親）、担任、管理職（教頭）、特別支援教育コーディネーター

【準備物（説明資料）】
・就学基準『特別支援学級の対象者である障害の程度』（教育支援資料，文部科学省，2013）
・自作の「知的障害の目安表」
・個別検査「KABC-Ⅱ」の検査結果または判断書

---

①就学支援委員会や専門家からの意見

特コ：「本日は、学校においでいただき、ありがとうございます。これから、A君の今後の学習体制について話し合います。よろしくお願いいたします。」

母親：「よろしくお願いいたします。」

特コ：「A君、これからあなたの勉強のことについて話し合います。しっかり聞いていてくださいね。」

本人：「はい。」

特コ：「さて、先日、市の就学支援委員会から、A君については、みんなと同じようになかなか学習ができないということで、現在在籍している3年1組から特別支援学級に在籍を変更したほうがよいのでは、といった判断をいただきました。この結果をお知らせするとともに、A君の気持ちやお母さんのお考えをお聞きしたくて、本日面談を設定させていただきました。」

母親：「分かりました。」

②就学基準（教育支援資料）

特コ：「市内のほとんどの小学校には、通常の学級の他に特別支援学級があります。確か、A君が幼稚園の年長の時に就学時健診があったと思いますが、それを受けましたよね。」

母親：「はい。」

特コ：「就学時健診では、小学校に入学する際に、通常の学級なのか、あるいは特別支援学級なのかを判断されます。A君は、通常の学級ということで判断されて、この小学校の1年1組に入学しました。そして、現在に至っています。しかし、入学してから国語や算数の勉強が遅れ始めました。それが現在の3年生では、みんなと一緒に勉強するのがかなり厳しくなってきたと報告を受けています。担任のB先生、A君の学習状況はどうですか？」

担任：「やはり厳しいです。個別に教えていますが、それでもなかなかみんなについていくのがやっとの状況です。」

特コ：「そうですか。A君、学級での勉強は、みんなに追いついていけますか？」

本人：「…。」

特コ：「お母さん、これを見てください。（自作：知的障害の目安表を見せる。171頁の表参照）これは、就学基準といって、特別支援学級の基準表です。A君は、この表の中で、知的障害の種類に該当します。この小学校では、C学級1組の基準のことです。」

特コ：「知的障害の特別支援学級の基準は、ここに『知的発達の遅滞があり、他人との意思疎通に軽度の困難があり日常生活を営むのに一部援助が必要で、社会生活への適応が困難である程度のもの』と書いてあります。分かりにくい表現ですよね。」

特コ：「そこで、分かりやすくするために、ここに表を持ってきました。」

特コ：「知的能力と適応能力の２つの面で判断します。知的能力は、知能指数（IQ）や、国語の読み書き、算数の計算でみます。適応能力は、食事・身なり・トイレなどの生活習慣、一般常識の社会性、コミュニケーション、買い物などの金銭の取り扱い、体育などの運動でみます。それぞれ４つの段階がありますから、A君の現在の実態に合わせて丸で囲んでみます。」（○で囲む）

特コ：「知能指数については、先日、個別検査のKABC-Ⅱを実施しましたので、その時の資料を持ってきました。（KABC-Ⅱの検査結果または判断書等を見せる）　ここに、"認知処理"と書いていますが、これが知能指数（IQ）のことです。"68"と書いていますよね。　"68"は"２学年の遅れ"の段階となりますから、ここに丸を付けます。（○で囲む）　次に、国語です。国語は、検査結果の"読み"と"書き"にあたりますから、ここに、"74"と"69"と書いています。これも、それぞれ"２学年の遅れ"の段階となりますから、ここに丸を付けます。」（○で囲む）　算数は、ここに"65"とありますから、同じく"２学年の遅れ"の段階となります。」（○で囲む）

③通常の学級での実態（担任からの意見）
特コ：「担任のB先生、KABC-Ⅱの結果ではこのようになりましたが、国語や算数の学習はどうですか？」
担任：「漢字テストでは、１年生や２年生の漢字が書けないことがあります。算数は、ひき算で間違えますし、九九もまだ全部覚えきれていませんね。」
特コ：「そうですか。それでは、次は適応能力です。この能力は、数字で示されないので、普段の様子を担任のB先生に教えていただきます。よろしくお願いいたします。」
担任：「はい。最初の、食事・身なり・トイレは、みんなと一緒にできていますから、"遅れなしのできる"でよいのではないでしょうか。」（○で囲む）
担任：「次の、社会性の常識や挨拶ですが、友達から挨拶されても返事をしない時があります。"できないことが多い"ですかね。」（○で囲む）
担任：「コミュニケーションも、友達とあまり話さないので、"できないことが多い"ですね。」（○で囲む）
担任：「金銭の取り扱いは算数ですが、これも"できないことが多い"ですね。」（○で囲む）
担任：「運動では、走るのが遅いですし、水泳も苦手だからみんなと比べて"できないことが多い"ですね。」（○で囲む）
担任：「コーディネーターの先生、丸印を全部つけ終わりました。」
特コ：「B先生、ありがとうございました。」
特コ：「A君、お母さん、この表を見てください。知的能力は２学年の遅れ、適応能力は、１学年や２学年の遅れがあるようですね。このくらいの遅れですと、やはり先ほど示しました、知的障害に該当する内容が多いようです。」
母親：「そうですか…。」
特コ：「このように、２学年くらいの遅れがあると、みんなと一緒に勉強したり行動したりするのは難しいようですね。」
特コ：「A君、みんなと一緒にできている？」
本人：「…。」

④将来像と困難性（高校や就職のイメージ）
特コ：「ところで、お母さん、A君の将来ですが、どんな仕事に就かせたいですか。」
母親：「いやあ、まだそこまでは考えていないです。」
特コ：「それでは、A君をどこの高校に入れたいと思っていますか？」
母親：「それも、まだ…。」
特コ：「地元のD高校とかは？　考えていますか？」
母親：「何となく。まあ、合格できる可能性があれば、入ってほしいのですが…。」
特コ：「もし、D高校を希望しているのであれば、やはり、きちんと点数を取らなければなりません。個別で学習して力を付けて、D高校を受験するというのもよいと思いますよ。」

⑤特別支援学級でのメリット

特コ：「個別で学習する特別支援学級の良い点を説明します。特別支援学級担任のE先生にお話ししていただきます。E先生、お願いします。」

特学：「特別支援学級の子供たちは、全部で3人います。なかなか通常の学級での学習についていけないので、国語と算数を中心に一人一人の能力に合わせて指導しています。しかし、みんなと一緒にできる音楽や体育などは、通常の学級で一緒に勉強しています。子供の能力が一人一人違いますから、それぞれの子供の能力に合わせて勉強の仕方を工夫しています。中学校卒業した後のことについて既に保護者の方と確認しています。ある子供さんは、障害者手帳（療育手帳）を取って高等特別支援学校に進学したい、そして手帳を使って就職したいという希望を持っています。別の子供は、中学校も特別支援学級で個別の勉強をしてC高校の普通科に進学したい、といった希望を持っています。このように、将来をきちんと見据えて、一人一人の能力に合わせて学習できることが魅力です。おそらくこのようなことは、通常の学級ではできませんね。」

特コ：「ありがとうございました。お母さん、お分かりいただけましたでしょうか。
「A君、分かったかな？　A君に合わせた学習をしてくれるそうですよ。」

本人：「…。」

⑥通常の学級における集団指導と個別配慮の限界

特コ：「今、E先生が説明してくださいましたように、特別支援学級では、一人一人の能力に合わせて指導していますが、通常の学級では、一人一人の能力合わせた指導をするのがなかなか難しいようですね。担任のB先生、どうでしょうか。」

担任：「そうですね。通常の学級では30人の子供たちがいます。30人一斉に同じことの勉強をしますが、その中でもやはり遅れがちな子供や理解できない子供も出てきます。遅れがちな子供には個別に指導するのですが、集団の中では限界があります。その子供だけにずっと付き添って指導することができません。少しの遅れですと宿題や家庭学習などで遅れを取り戻すこともありますが、A君は、かなり厳しいです。」

特コ：「分かりました。通常の学級での個別の指導でも難しいのですね。ありがとうございました。」

特コ：「お母さん、今まで説明したように、A君は、通常の学級での勉強がかなり厳しいようですから、特別支援学級に籍を移して、個別に勉強するのはどうでしょうか？」

特コ：「A君、通常の学級でみんなに追いついて勉強するのは大変でしょう。特別支援学級に行って個別に勉強するのはどうかな？」

本人：「…。」

　　　　⇒同意する場合は ア 、拒否する場合は イ に進む

＜ ア 同意する場合＞

本人：「うーん。」
特コ：「お母さん、どうでしょうか？」
母親：「分かりました。」
特コ：「ありがとうございます。A君、お母さんは、特別支援学級で勉強したほうがいいよ、と言っているけど、どうなの？」
特コ：「A君、お母さんと同じでいいですか？」
本人：「うん。」
特コ：「分かりました。A君、特別支援学級で安心して勉強できるね。」
特コ：「お母さん、これから特別支援学級に在籍変更するにあたって、いろいろな手続きがありますが、それは今度の話し合いにしましょう。」
特コ：「今日は、長い時間、ありがとうございました。これで終わりにします。」
母親：「ありがとうございました。」⇒【面談終了】

＜ イ 拒否する場合＞
⑦今後の支援内容（支援体制、合理的配慮）
特コ：「お母さん、どうでしょうか？」
母親：「同居している義理の母は、特別支援学級をあまり快く思っていないのです。それに、主人もはっきり言わないのです。」
特コ：「そうですか。」
特コ：「A君、あなたは、特別支援学級でもいいと思っているの？」
本人：「…。」
特コ：「今日の話し合いでは、結論が出ないですかねぇ。」
母親：「もう少し考えさせてください。」
特コ：「分かりました。おばあちゃんやお父さんの考えも変えなければなりませんね。」
特コ：「ところでお母さん、A君がこのまま4年生になっても通常の学級で勉強するということは、今まで以上に勉強が分からなくなり、本人が非常に困ることになります。私たちが一番心配しているのは、学校が嫌いになることです。」
特コ：「そこで学校では、A君に対して、できる限りの支援をしたいと考えております。具体的なことは、担任のB先生からお話しします。」
担任：「学校では、学習支援員の先生が各学級に学習の遅れがちな子供にサポートしてくださっています。3年1組でも算数の時だけ、学習支援員の先生に来ていただいています。しかしA君は、そのサポートでも難しいのです。そこで、お母さん、授業中にA君を別の教室で個別に学習させることはできますか？」
母親：「この子次第です。」
担任：「A君、国語や算数の時間に、別の教室で勉強することはいいですか？」
本人：「みんなと一緒に勉強したい。」
担任：「そうか。これからも勉強が分からない時が多くあると思うけど、大丈夫かなあ。」
本人：「うん。」
担任：「宿題はどうする？ 半分に減らす？」
本人：「みんなと一緒でいい。」
担任：「大丈夫ね。宿題、ちゃんとやってきてね。」
本人：「うん。」
担任：「先生に配慮してほしいこと、何かある？ あれば言って？」
本人：「ない。」

⑧保護者への協力要請
特コ：「今、担任のB先生から、配慮についてお聞きしましたが、A君は、みんなと同じでいい、と言われました。」
特コ：「そこで、お母さん。A君がこのまま通常の学級で、みんなと同じように勉強することになれば、ご家庭でのご協力も得なければなりません。例えば、宿題は見てあげてくださいね。自主学習もさせてくださいね。よろしいですね。」
母親：「できる限りのことはしますが、仕事をして帰りが遅い時もあります。」
特コ：「お母さん、おばあさんやご主人が特別支援学級に反対の気持ちがおありでしたら、A君のために、おばあさんやご主人にもご協力していただかないといけません。そのことを、よーく伝えてくださいね。よろしくお願いいたします。」
母親：「はい。」

⑨拒否する要因の確認
特コ：「お母さん、おばあさんやご主人が特別支援学級に移ることを快く思っていないのは、どうしてですか？」

母親:「おそらく義理の母親は、世間体だと思います。近所に知れ渡るのが嫌なのだと思います。主人は、はっきり言いません。あまり関心がないようです。」
特コ:「分かりました。これから、おばあさんやご主人の反対する理由をはっきりさせて、気持ちを変えていかなければなりませんね。時間がかかりますね。」

⑩次回の面談の約束
特コ:「A君の考えやご家庭の様子がいろいろ分かりました。今日の段階では、特別支援学級に在籍変更する気持ちが少ないことも分かりました。おばあさんやご主人のお気持ちもお聞きしたいと思いますので、次回は、おばあさんやご主人も交えて話し合いをしましょう。それでは、3か月後の〇月〇日でよろしいですか。」
母親:「たぶん何も予定ないと思いますから、大丈夫です。」

⑪経過観察のポイントの提示(障害別)
特コ:「最後に、次回の〇月〇日までに、A君の勉強の様子がどのように変わっているかをお知らせします。国語と算数の学習成績の変化を見ていきます。」
特コ:「今日は、長い時間、ありがとうございました。これで終わりにします。」
母親:「ありがとうございました。」⇒【面談終了】

【自作の知的障害の目安表(面談時に活用)】

能　力	項　目	遅れなし できる	若干の遅れ 少しできない	1学年の遅れ できないことが多い	2学年の遅れ かなりできない
知的能力	知能指数(IQ)	100以上	85〜99	85〜70 (75)	69 (74) 以下
	集団知能標準得点 (国・算・英)	50以上	49〜45	44〜35	34以下
適応能力	生活習慣 食事・身なり・トイレ	できる	少しできない	できないことが多い	かなりできない
	社会性 常識・挨拶	できる	少しできない	できないことが多い	かなりできない
	コミュニケーション	できる	少しできない	できないことが多い	かなりできない
	金銭の取り扱い	できる	少しできない	できないことが多い	かなりできない
	運動(体育)	できる	少しできない	できないことが多い	かなりできない

ステップ2　就学相談は毎年実施が基本

☞特別支援学級の在籍変更を本人・保護者から一度拒否されると、卒業までそのまま通常の学級の在籍を継続するケースがあります。しかし、就学相談は、毎年実施するのが基本となります。
☞担任は、1年間の本人の実態を詳細に記録して、再度、就学支援委員会に提示します。その際、1年間の比較ができるように、数値化するなど比較して提示すると改善状況が明確になります。

96 在籍変更

特別支援学級から通常の学級へ在籍変更したい

子供が特別支援学級に在籍しています。しかし、保護者はしぶしぶ同意したので、時々担任に、「通常の学級に戻りたい」と訴えます。学校としても、子供の障害特性や実態を考えると、通常の学級に戻すことが難しいです。

説明のポイント
- ☑ 特別支援学級在籍当初から就学基準の説明
- ☑ 通常の学級に戻すための条件提示
- ☑ "お試し"で最終判断

説明方法

ステップ1　特別支援学級の障害の程度を確認

☞特別支援学級の担任は、次頁に示されている『特別支援学級の対象者である障害の程度』(「教育支援資料」文部科学省, 2013)の就学基準を把握することが重要です。子供の障害の程度が改善され、この基準に該当していない場合には、通常の学級に戻すことを「就学支援委員会」で検討します。

ステップ1　特別支援学級に在籍した当初から本人・保護者に説明

☞本人・保護者が「通常の学級に戻りたい」と訴える理由には、特別支援学級に在籍したことを本心では納得していない、特別支援学級のイメージが異なった、特別支援学級の指導方法に疑問を抱いている、本人の障害が改善しているのではないかなど、様々にあります。重要なのは、特別支援学級に在籍した当初に、本人・保護者と①特別支援学級の対象者に該当すること(教育支援資料で確認)、②通常の学級に戻るための条件、③交流学習及び共同学習の意味と内容(教科、時間数など)、を説明し確認しておくことが重要です。

☞本人・保護者への返答としては、「いつでも通常の学級に戻れますよ。しかし、通常の学級に在籍変更する場合には、いくつかの条件がありクリアしなければならないのです。」と説明します。例えば、以下のような条件を示します。

①個別検査(WISC-Ⅳ、KABC-Ⅱ等)でIQ＝70または75以上
②身辺自立(着替え、食事、排泄)が可能
③教科学習が可能(単元テストや評価テスト等で、学級の最低点数との差が10点以内、例えば、最低点が40点であれば、本人は30点を下回らない程度である。)
④集団適応が可能(通常の学級担任が1人で授業した場合に、ほとんど支援を必要としない状態であること。)

☞特別支援学級から通常の学級へ在籍変更ができるか否かの障害別の具体的な見極めについては、以下の通りです。就学基準と照らし合わせながら検討します。

種別	具体的な見極めのポイント
知的	＊在籍変更は難しい。(知的な遅れや生活への適応能力が改善された)
肢体	補装具による歩行や筆記など、基本的な動作が可能になった。
病弱	疾患等状態や身体虚弱状態が医療や生活管理を必要としなくなった。
弱視	拡大鏡等を使用すれば文字や図形など認識ができるようになった。
難聴	補聴器等を使用すれば話声を理解することができるようになった。
言語	口蓋裂等構音障害、吃音、言語機能発達の遅れが改善され聞きやすくなった。
自情	意思疎通に困難さがなく、対人関係がほぼ良好になった。

ステップ2 　最終的に通常の学級での"お試し"をして本人・保護者に報告

☞障害の改善・克服が見られ、特別支援学級の就学基準と合わなくなったと判断された場合、最終的な見極め方法として、月に数回程度、通常の学級で、特別支援学級担任や学習支援員等がほとんどサポートしない「お試し」を実施して見極めます。当日は、登校時から下校時までずっと通常の学級で生活します。休み時間など、在籍がある「特別支援学級」に戻ってきてはいけません。当日は、通常の学級の教師がその様子を記録します。そして、その結果をもとに、本人・保護者へ伝えます。もし、まだ支援が必要な場合には、再度挑戦させます。

【特別支援学級の対象者である障害の程度（「教育支援資料」文部科学省，2013）】

障害の種類	障害の程度
知的障害	知的発達の遅滞があり、他人との意思疎通に軽度の困難があり日常生活を営むのに一部援助が必要で、社会生活への適応が困難である程度のもの
肢体不自由	補装具によっても歩行や筆記等日常生活における基本的な動作に軽度の困難がある程度のもの
病弱・身体虚弱	一　慢性の呼吸器疾患その他疾患の状態が持続的又は間欠的に医療又は生活の管理を必要とする程度のもの 二　身体虚弱の状態が持続的に生活の管理を必要とする程度のもの
弱視	拡大鏡等の使用によっても通常の文字、図形等の視覚による認識が困難な程度のもの
難聴	補聴器等の使用によっても通常の話声を解することが困難な程度のもの
言語障害	口蓋裂、構音障害のまひ等器質的又は機能的な構音障害のある者、吃音等話し言葉におけるリズムの障害のある者、話す、聞く等言語機能の基礎的事項に発達の遅れがある者、その他これに準じる者（これらの障害が主として他の障害に起因するものでない者に限る。）で、その程度が著しいもの
自閉症・情緒障害	一　自閉症又はそれに類するもので、他人との意思疎通及び対人関係の形成が困難である程度のもの 二　主として心理的な要因による選択性かん黙があるもので、社会生活への適応が困難である程度のもの

97　進路・入試

不登校の子供が高校の選択に悩んでいる

中学3年生に、不登校や不登校傾向、別室登校、家庭でのひきこもりの生徒がいます。高校の進学を前にして、本人・保護者に対して、どのような進学を勧めてよいのか基準が分かりません。三者面談が迫っています。

指導のポイント

- ☑ 欠席日数よりも知的能力の数値で高校を選択
- ☑ 「努力、継続、我慢」ができるか
- ☑ 高校からの「やり直し」が可能
- ☑ 進学断念の場合は、「専門学校」「在籍変更」「手帳の取得」「不登校継続」など多様性の検討

指導方法

ステップ1　学習空白があっても知的能力を把握

☞高校の選択は、一般的には「知的能力」で判断されます。その一方で、現在、高校の形態が多様化し、また、生徒数の減少から「全入時代」ともいわれています。つまり、選ばなければ、どこの高校にでも入れるということです。しかし、本人が「志望校」を目指すなら、まず、自分自身の知的能力を把握することが重要です。それには、2つを実施する必要があります。それは、①中学校の定期テスト（期末、中間など）や実力テスト（全国学力調査テスト、学力標準テストなど）、②個別の知能検査（WISC-Ⅳ、KABC-Ⅱなど）です。これらのテストや検査を受けることにより、学習の習得度状況と、知能の程度（IQ）が把握できるからです。

☞家庭でひきこもっている不登校の子供は、「家庭内でテストする」ことを勧めます。担任が家庭訪問をして実施します。これにより、高校の進学先が見えてきます。適応指導教室や別室でも同様に実施します。

☞通常の学級からの高校への進学先としては、【全日制】【定時制】【通信制】があります。知的能力だけの判断ではなく、適応能力や3年間の継続性も考慮して総合的に考えていきます。

☞「専門学校」や「専修学校」では、高校と連携していて、"高校に編入""高校の単位取得"といったケースもあります。「専門学校」や「専修学校」に進学を希望している場合には、詳しく調査して、本人・保護者に提案しましょう。

ステップ2　高校から「やり直し」ができることを説明

☞たとえ、別室登校、適応指導教室登校、家庭で引きこもっている状況であったしても、知的能力がある程度高く、「努力・継続・我慢」がある程度できる子供であれば、希望の高校に入れますし、卒業することも可能となります。学校生活の「やり直し」ができます。そのためには、3つのことをそれぞれの"居場所"で実施します。

①それぞれの居場所で、受験勉強をする。
②できる限り、自分の学級の週時程表に合わせて長く在学（学習）する。
③対人関係を改善するために、ソーシャルスキルトレーニング（SST）を実施する。

②の長く在学することは、「努力・継続・我慢」につながります。③のSSTは、子供本人が特性（気質）としてもっている対人関係の苦しさ、社会生活スキルの獲得不足、適応能力の欠如などを補う必要があります。この特性（気質）は大人になっても継続しますから、自己理解をしてトレーニングをすることを勧めます。

ステップ3　このまま不登校を継続して進学断念

☞子供によっては、強い精神疾患（うつ病など）があり、ひきこもって社会と断絶したり、病院に入院する子供もいます。このような子供に対しては、強く高校への進学を勧められません。そこで、本人・保護者には、「21歳までに、ひきこもり状態から抜け出せれば、その後、学校復帰や社会復帰している人が多い」（齊藤，2011）というデータを伝えます。

筆者は、中学校2年生の5月連休明けから18歳まで、不登校・ひきこもりを継続した青年を家庭訪問して、通信制の高校の進学、さらに大学進学して復活したケースを見ています。

ステップ3　特別支援学級に転籍、障害者手帳の獲得

☞不登校の中には、学習空白が多いために学習成績の低下だけでなく、知的能力までも低下している子供、精神疾患があり不適応状況が継続している子供がいます。このような子供の将来を考えた時、通常の学級から知的障害特別支援学級へと転籍をし、同時に障害者手帳（療育手帳）の取得を勧めます。一方、ひきこもりが継続し、精神疾患系の診断（双極性障害、うつ病など）がある場合にも、在籍変更（病弱特別支援学級）や障害者手帳（精神障害者保健福祉手帳）の取得を勧めます。特別支援学級に在籍変更することで「特別支援学校」に進学したり、障害者手帳の取得で就職にも結び付く可能性があります。

療育手帳	対象者	・知的障害の判定は、IQの他、日常生活動作（身辺処理、移動、コミュニケーションなどの能力）などを総合的に判断する。
	障害の程度	・「A」①最重度・重度（IQが概ね35以下で、食事、着脱衣、排便及び洗面等日常生活の介助を必要とする。異食、興奮等の問題行動を有する。） ・「A」②IQが概ね50以下であって身体障害者手帳1～3級を所持する知的障害者 ・「B」中度・軽度（「A」以外の者）　＊A1,A2,B1,B2の4区分もある
	申請手続 判定交付	・区市町村の障害福祉担当窓口に申請 ・児童相談所や子供センター等で判定、都道府県知事、指定都市長が交付
身体障害者手帳	対象者	・「視覚」「聴覚又は平衡機能」「音声機能、言語機能又は咀嚼機能」「肢体不自由」「心臓、腎臓又は呼吸器の機能」「膀胱又は直腸の機能」「小腸の機能」「ヒト免疫不全ウィルスによる免疫の機能」「肝臓の機能」の障害
	障害の程度	・1級～6級（7級は障害が2つ以上重複する場合に6級となる） ・第1種と第2種（JRやバス等の公共交通機関の運賃割引に活用）
	申請手続 判定交付	・区市町村の障害福祉担当窓口に申請 ・都道府県知事、指定都市長、中核都市長が交付
精神障害者保健福祉手帳	対象者	・統合失調症、精神作用物質による急性中毒またはその依存症、知的障害、精神病質その他の精神疾患を有する者 ・高次機能障害、発達障害（自閉症、学習障害、注意欠陥多動性障害等） ・精神疾患を有する者（知的障害者を除く）のうち、精神障害のため長期にわたり日常生活又は社会生活への制約がある者
	障害の程度	・1級（日常生活の用を弁ずることを不能ならしめる程度の者） ・2級（日常生活に著しい制限を加えることを必要とする程度の者） ・3級（日常生活もしくは社会生活に制限を加えることを必要とする程度の者）
	申請手続 判定交付	・区市町村の障害福祉担当窓口に申請 ・都道府県知事、指定都市長が交付

※区分等は各自治体で異なります。

98 進路・入試

自分の学力では入れそうにない高校を選択する

中学3年生になり、次第に高校の進学先が見えてきた時に、自分の学力では入れそうにない高校を希望する生徒がいます。本人にあまり強く言いすぎると、かえって逆効果になりそうです。しかし、本人は、希望する高校にこだわっています。

指導のポイント

☑ 本人のプライドを傷つけない
☑ テスト終了後に個別面談して自己理解を促す

指導方法

ステップ1　プライドを傷付けない

☞ プライドの高い生徒、こだわりのある生徒、自己理解ができていない生徒の中には、自分の実力以上のランクの高校を希望することがあります。最初に、進路希望調査や三者面談で、本当に受験したいのかを確認します。保護者も同意していれば受験可能ですが、「保護者から違う高校を受験させてほしい。」とお願いされたり、担任が「絶対に落ちるよね。仮に合格しても続かないよね。」と確信している場合には、やはり、本人を説得することが必要です。

☞ その説得の場面では、最初から「あなたは、A高校は無理だよ。」とは絶対に言わないことです。本人はプライドを傷つけられ、担任不信となります。そこで、「A高校は相当難しいよ。だけど、頑張りなさい。」と励まします。そして、「高校受験まで、あと〇回の定期テストや実力テストがあるので、その時にまた志望校を考えていこうね。」と軽く言います。決して最初から「ダメ」「無理」とは言わず、励ましていきます。

ステップ2　合格ラインを次第に高く設定

☞ 入学願書の提出まで、何回テストがあるかを事前に把握します。もし、5回あるとしたら、その都度、合格ラインの点数を決めます。2～3回はクリアできる点数を提示しますが、その後は、「高校入試は範囲指定がないので、もっと合格ラインを高く設定します。」と言って、本人が到達できないラインを設定します。そして、「自分は無理かも…」と自己理解させることが重要です。次頁に進路面談の仕方を載せました。

【プライドを傷つけない進路面談の例】

＜1回目のテスト終了後＞
教師：「B君、中間テストは何点取りましたか？」
本人：「5教科で、300点でした。」
教師：「B君、頑張ったね。すごいね。」
教師：「B君、今回はとても頑張ったので、次の期末テストは、310点くらいとってほしいな。A高校は、入るのが難しいからねえ。」
本人：「はい、分かりました。頑張ります。」

＜2回目のテスト終了後＞
教師：「B君、期末テストは何点取りましたか？」
本人：「330点でした。」
教師：「クリアしたね。20点も上回ったね。すごいね。」
教師：「B君、高校入試というのは、1年生から3年生までの問題が出題されて、事前に範囲指定がないのです。定期テストは、教科の先生が『○ページから○ページまで勉強してくるように』と範囲してするよね。だから、今度の実力テストでは、350点くらい取らないと難しいかもしれないよ。分かった？」
本人：「はい、分かりました。頑張ります。」

＜3回目のテスト終了後＞
教師：「B君、実力テストは何点取りましたか？」
本人：「310点でした。」
教師：「そうだったか。目標より40点も下回ったね。残念だったね。」
教師：「テストの内容は難しかった？」
本人：「はい、難しかったです。数学と英語がちょっと…。」
教師：「B君、高校入試は範囲指定がないから、相当高い点数を取らないとA高校は難しいよね。先生が調べてきましたが、A高校は、最低点がやはり350点くらい取らないと難しいよ。」
教師：「どうしてもA高校に入りたいのなら、もっと頑張らなければね。」
教師：「次は前期テストがあるから350点以上、いや370点くらい取るように頑張ってね。」
本人：「はい、分かりました。頑張ります。」

＜4回目のテスト終了後＞
教師：「B君、前期テストは何点取りましたか？」
本人：「320点でした。」
教師：「B君、やはり370点取るのは難しかったですか？50点の開きがあるよね。」
教師：「B君は、これまで4回のテストの点数が、1回目300点、2回目330点、3回目310点、今回の4回目320点と、315点くらいが平均だよね。つまり、B君の学力は315点前後だということです。分かったかなぁ。」
教師：「B君は、A高校を希望しているようだけど、50点以上の開きがあるよ。つまり、A高校は受験しても落ちてしまう可能性があるということだよ。分かった？」
本人：「はい、何となく…。」
教師：「B君、実はね、君にぴったりの高校があるのだけど、知りたい？」
本人：「うう…ん。」
教師：「C市にあるD高校です。B君に合っていると思うよ。ネットで調べれば分かるから。少し考えてみて。」
本人：「はい、分かりました。調べてみます。」
教師：「次回は最後のテストだから、このまま315点くらいを維持するのだよ。進路については、また今度、親と一緒に三者面談で話そうか。」
本人：「はい、分かりました。頑張ります。」

99 進路・入試

自分の特性（気質）に合わない高校を選択する

いじめ被害に遭っていたり、不登校傾向になっていたりする生徒が高校の進路選択の際、どこが最適な高校なのか迷っています。担任としては、もし最適な選択方法の基準があれば、三者面談の際に本人や保護者に教えてあげたいです。

指導のポイント

- ☑ 本人の知的能力や特性（気質）を自己理解させ、同様な生徒が集まる高校を選択
- ☑ 知的能力が高い生徒であれば、最優秀校を目指す

指導方法

ステップ1 高校の選択は能力よりも特性（気質）を優先

☞ 高校の選択は、最初に知的能力の水準で数校をリストアップします。そのリストアップした中から、自分の特性（気質）と同じような生徒が在学している高校を選択します。

ステップ2 いじめ被害の生徒は優秀校に

☞ いじめ被害等を受けて不登校や不登校傾向（または別室登校）となっている生徒の中で、成績がトップクラスの生徒がいたとします。その生徒は、さらに勉学に励み、地域の中でも最優秀校に入学することを勧めます。この考えで選択した方が、友達にも恵まれ、3年間の高校生活を乗り切ることが多くなります。最優秀校に入学することで、自分のモチベーションとプライドを高めることにもなります。

ステップ3 個人面談で『友達は、「できない、いらない、つくらない」』の説明

☞ 孤立になりがちな生徒は、友達をつくりたいと思い悩みます。しかし、もともと「内向的で自閉的な気質」がある生徒ですから、簡単に友達はできません。そこで、『友達は「できない、いらない、つくらない」』を図で説明します。重要なのは、高校や大学の選択です。高校は、本人の特性（気質）を優先して選択します。その高校には、本人と同じような特性（気質）、学力、家庭環境の生徒がいるので、自然に友達ができるようになります。さらに、大学は、同じような職業を目指す学生が入学するので高校よりも多くの友達ができるようになります。

本人（内向性自閉気質）の友達関係図

友達は、「できない、いらない、つくらない」

◉本人　○本人と合う　▲本人とやや合わない　×本人と全く合わない

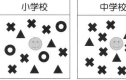

- 小学校は、自分と異なる特性（気質）、家庭環境等の子供がいますが、担任の配慮のものでそれなりに友達が作れます。
- 中学校は、規模の拡大、第二次性徴、特性（気質）の拡大、家庭環境等の格差など、差異が大きく、なかなか自分に合った友達はつくれません。
- 高等学校では、自分と同じ特性（気質）、家庭環境等の子供が多いので、自分に合った友達が見つかります。増えてきます。

100　進路・入試

入試を控えているのに勉強をしない

中学3年生の生徒が、入試が迫っているにもかかわらず「勉強やりたくない」と言って、家庭でほとんど勉強しません。土日もゲームなどをしています。保護者から担任に、「どのようにしたらよいですか？」と質問されました。

説明のポイント

- ☑ 土日に入試当日と同じスケジュールで「模擬入試」を実施しリズムをつかむ
- ☑ テストに取り組むか否かは本人次第、その結果の点数を自己理解
- ☑ 「勉強しなさい！」等の言葉掛けをしない

説明方法

ステップ3　「模擬入試」を事前説明して「土日」に実施

☞ 保護者は、前もって、本人に対して5教科の「模擬入試」をすることを伝えます。「入試問題」は、市販されているものを使用します。「模擬入試」は、回答するか否か（遊ぶ）を自由とし、終了後に自己採点することを伝えます。

☞ 土日、受験する高校の"入試時間"に合わせて、本人に5教科の「模擬入試」をさせます。本人がテストを受けるか否かは、自己選択させます。例えば、本人が「やりたくない」と思えば、その時間、ゲームをしたりテレビを見たり、ダラダラと過ごします。

☞ 保護者は、テスト開始とテスト終了時だけ、本人に言葉掛けします。「やりなさい！」などと言ってはいけません。淡々と「模擬入試」を進めます。

☞ 5教科終了した時点で、本人に「模範解答」を渡し、自己採点させます。間違っている場合には、「赤ペンで修正・記入」させます。保護者が解答してはいけません。本人が何もしないで遊んでいれば、当然"0点"になります。本人は、5教科の点数（成績）を自己理解します。

☞ これを入試直前まで毎週継続していくと、入試のリズムをつかみ、本番でも普段通りで受験できます。

保護者：（国語のテスト用紙を本人に渡しながら）「A君、9時になったので国語の試験を開始します。終了時間は9時50分です。9時50分になったらテストを回収します。」（保護者は立ち去る）

保護者：「9時50分になったので試験を終了します。」（テスト用紙を回収する）
　　　　「10時まで休憩です。10時になったら、数学の試験を開始します。」

保護者：（数学のテスト用紙を本人に渡しながら）「A君、10時になったので数学の試験を開始します。終了時間は10時50分です。10時50分になったらテストを回収します。」（保護者は立ち去る）

↓

＊このあと、「数学」「社会」「理科」「英語」のテストを繰り返し実施します。

＊全教科終了後は、保護者が模範解答を本人に渡して、自己採点させます。

文 献

朝山光太郎・村田光範・大関武彦他 (2002)「小児肥満症の判定基準 −小児適性体格検討委員会よりの提言−」,肥満研究,Vol. 8,No.2.
石川充 (2014)「医療機関(小児科)の不登校対応」,三浦光哉編『本人参加型会議で不登校が改善する!』,143-146,学研.
石田宏代・大石敬子 (2009)『言語聴覚士のための言語発達障害学』,医歯薬出版.
井上勝男 (2014)「医療機関(児童精神科)の不登校対応」,三浦光哉編『本人参加型会議で不登校が改善する!』,147-152,学研.
岩松雅文・三浦光哉 (2017)「特別支援学校における 20m シャトルランと時間走の比較とその効果」,日本特殊教育学会第 55 回大会ポスター発表資料,2-5.
岩松雅文・三浦光哉 (2018)「障害種別によるシャトルランと周回走における走距離の比較検討」,日本特殊教育学会第 56 回大会ポスター発表資料,1-46.
上野一彦監修 (2017)『ユニバーサルデザインの学級づくり・授業づくり −12 か月のアイデア事典−』,明治図書.
上野一彦・松田修・小林玄・木下智子 (2015)『日本版 WISC-Ⅳ による発達障害のアセスメント』,日本文化科学社.
香川邦生・千田耕基 (2009)『小・中学校における視力の弱い子どもの学習支援』,日本弱視教育研究会,教育出版.
金原洋治・高木潤野 (2018)『イラストでわかる子どもの場面緘黙サポートガイド:アセスメントと早期対応のための 50 の指針』,合同出版.
河合康・小宮三弥編 (2018)『わかりやすく学べる特別支援教育と心理・行動特性』,北樹出版.
川上康則 (2010)『<発達のつまずき>から読み解く支援アプローチ』,学苑社.
木村順監修 (2014)『発達障害のある子どもの運動と感覚遊びを根気強くサポートする!』,日東書院.
公益法人日本てんかん協会 (2018)「てんかんとは」,http//www.jea-net.jp/ (2019.6.24 参照).
厚生労働省 (2007)『児童虐待の防止に関する法律』.
厚生労働省 (2019)『知ることからはじめよう みんなのメンタルヘルス「摂食障害」』,ホームページ内サイト.
厚生労働省 (2019)『知ることからはじめよう みんなのメンタルヘルス「双極性障害(躁うつ病)」』,ホームページ内サイト.
厚生労働省 (2019)『知ることからはじめよう みんなのメンタルヘルス「パニック障害・不安障害」』,ホームページ内サイト.
齊藤万比彦編 (2011)『発達障害が引き起こす不登校へのケアとサポート』,学研.
杉山登志郎 (2015)『発達障害児の薬物両方 ASD・ADHD・複雑性 PTSD への少量処方』,岩崎学術出版社.
高木潤野 (2017)『学校における場面緘黙への対応:合理的配慮から支援計画作成まで』,学苑社.
玉村公二彦・黒田学・向井啓二・平沼博将・清水貞夫編 (2019)『新版キーワードブック特別支援教育』,クリエイツかもがわ.
南山堂 (2015)『南山堂医学大辞典』,第 20 巻.
日本精神神経学会 (2014)『DSM-5 精神疾患の分類と診断の手引』,日本語版用語監修・日本精神神経学会,高橋三郎・大野裕監訳,医学書院.
日本肥満学会肥満症診断基準検討委員会 (2000)「新しい肥満の判定と肥満症の判定基準」,肥満研究,Vol.6,18-28.
濱崎健司 (2019)『正しい構音と発音 臨床音声学の理論と実際』,慶應大学出版会.
半澤嘉博編 (2018)『小学校学級担任のためのよくわかるインクルーシブ教育』,開隆堂.
藤田和弘・熊谷恵子・柘植雅義・三浦光哉・星井純子編 (2008)『長所活用型指導で子ども変わる Part 3:認知処理様式を生かす各教科・ソーシャルスキルの指導』,図書文化.
藤田和弘・石隈利紀・青山真二・服部環・熊谷恵子・小野純平編 (2014)『エッセンシャルズ KABC-Ⅱ による心理アセスメントの要点』,丸善出版.
藤田和弘・熊谷恵子・熊上崇・小林玄 (2016)『長所活用型指導で子供が変わる Part5:KABC-Ⅱ を活用した社会生活の支援』,図書文化社.
松原達也編 (2002)『心理テスト入門』,日本文化科学社.
三浦光哉編 (2014)『本人参加型会議で不登校が改善する!』,学研.
三浦光哉編 (2013)『小1プロブレムを防ぐ保育活動(理論編)』,クリエイツかもがわ.
三浦光哉編 (2016)『知的障害・発達障害の教材・教具 117』,ジアース教育新社.
三浦光哉編 (2017)『5歳アプローチカリキュラムと小1スタートカリキュラム 〜小1プロブレムを予防する保幼小の接続カリキュラム〜』,ジアース教育新社.
三浦光哉編 (2017)『特別支援教育のアクティブ・ラーニング』,ジアース教育新社.
三浦光哉編 (2018)『特別支援学級担任のための学級経営サポートQ&A』,ジアース教育新社.
森則夫・杉山登志郎・岩田康英 (2014)『臨床家のための DSM-5 虎の巻』,日本評論社.
文部科学省 (2013)『教育支援資料 〜障害のある子供の就学手続きと早期からの一貫した支援の充実〜』,初等中等教育局特別支援教育課.
文部科学省 (2014)『共生社会の形成に向けたインクルーシブ教育システム構築のための特別支援教育の推進(報告)』,中央教育審議会.
文部科学省 (2016)『性同一性障害や性的指向・性自認に係る、児童生徒に対するきめ細かな対応等の実施について』.
文部科学省 (2018)『小学校学習指導要領(平成 29 年 3 月告示)』,東洋館出版社.
文部科学省 (2018)『中学校学習指導要領(平成 29 年 3 月告示)』,東山書房.
文部科学省 (2018)『特別支援学校幼稚部教育要領 小学部・中学部学習指導要領(平成 29 年 4 月告示)』,海文堂出版.
文部科学省 (2019)『学校・教育委員会等向け虐待対応の手引』.
渡邉健治・安藤房治・池本喜代正・三浦光哉 (2010)『特別支援教育の基礎』,田研出版.

おわりに

　近年、特別支援教育への期待はますます大きなものになっています。それは、見方を変えると子供が抱える様々な教育的ニーズに対して、教師がどのように応えていくかが問われているのではないでしょうか。そのような中、本書は、小学校や中学校の学級担任、教科担当、学習支援員等の先生方が、子供への対応で日々困っている内容について、理論的な指導方法で応えさせていただきました。教師が困っていることや子供の教育的ニーズについては、教育現場の中で、先生方から寄せられたニーズの高い内容100項目を選び、Q&A方式でかつステップアップで分かりやすく解説しました。"ステップ1""ステップ2""ステップ3"について、参考になった事例はありましたでしょうか。

　これまで、特別支援教育の指導方法に関する本は、障害種別であったり、学校種別であったり、教科や領域別などであったりと限定的に様々な本が出版されてきました。しかしながら、本書のように、教師が困っていることや子供の特別な教育的ニーズに特化し、現場の先生方の困り・悩みに対応した内容の本はほとんど見当たりませんでした。この本が、日々の指導で悩んでいる先生方の指導の一助になり、先生方が日々向かい合っている子供の姿が明日から少しでも変わってくることを期待しています。また、先生方ご自身が、本書を参考にして自らにあった指導法を磨き上げていくことを期待しています。

　今回、本書を完成するにあたって執筆にご協力していただいた先生方の日々の実践がなければ本書は生まれませんでした。私たち執筆者の思いが詰まったこの本を、これからも末永くご愛読していただくとともに、ご活用していただければ幸いです。

　最後に、本書の出版を快く引き受けてくださったジアース教育新社代表取締役の加藤勝博様、本書を執筆するにあたり校正と編集にご尽力いただきました市川千秋様、ジアース教育新社スタッフの皆様に心より感謝をいたします。

　我が国の未来を担うかけがえのない存在の子供一人一人の教育的ニーズに応じた教育実践が、令和の新時代においても、絶え間なく継続的に、展開されていくことを祈りつつ、あとがきとさせていただきます。

2019（令和元）年7月
執筆者を代表して　　川村　修弘

編著者紹介

三浦　光哉 （みうら・こうや）

　山形大学教職大学院教授　兼任　山形大学特別支援教育臨床科学研究所所長。宮城県公立小学校教諭、宮城教育大学附属養護学校教諭、宮城教育大学非常勤講師、山形大学教育学部助教授、山形大学地域教育文化学部教授を経て現職。名古屋市特別支援学校の在り方検討委員会座長、名古屋市特別支援学校運営アドバイザー、山形県発達障がい者支援施策推進委員会委員、山形県・青森県・岐阜県・徳島県の特別支援教育推進委員会専門委員・専門家チーム・特別支援教育アドバイザーなどを歴任。特別支援教育士SV、学校心理士SV。

　主な編著書に、『新版　キーワードブック特別支援教育』（クリエイツかもがわ，2019）、『特別支援学級担任のための学級経営サポートＱ＆Ａ』（ジアース教育新社，2018）、『苦手な子供でもできる！　アルファベットと英単語の覚え方』（ジアース教育新社，2018）、『わかりやすく学べる特別支援教育と障害児の心理・行動特性』（北樹出版，2018）、『「教育」「特別支援教育」「大学連携」の三つの視点で学力向上！』（ジアース教育新社，2017）、『特別支援教育のアクティブ・ラーニング』（ジアース教育新社，2017）、『5歳アプローチカリキュラムと小1スタートカリキュラム』（ジアース教育新社，2017）、『知的障害・発達障害の教材・教具117』（ジアース教育新社，2016）、『本人参加型会議で不登校が改善する！』（学研，2014）、『小1プロブレムを防ぐ保育活動（理論編）（実践編）』（クリエイツかもがわ）など多数。

執筆者一覧

岩松　雅文　（宇都宮大学教育学部附属特別支援学校教諭）　No.14、16、45
片山　裕吾　（高知県立伊野商業高等学校教諭）No.17、33、57、70
川村　修弘　（宮城教育大学附属特別支援学校教諭）　No.41、42
佐竹　絵理　（山形県米沢市立第三中学校教諭）　No.1、5、27、46
柴田雄一郎　（山形大学附属特別支援学校教諭）No.48、49、58、59
谷　亜由美　（高知大学教育学部附属特別支援学校教諭）　No.34
谷田　育弘　（高知大学教育学部附属特別支援学校教諭）No.19、43
西川　崇　　（長崎大学教育学部附属特別支援学校主幹教諭）　No.16、61
濱田　尚人　（名古屋市教育センター指導主事）　No.20、21、23、28、32、63、72
星川　裕美　（山形県尾花沢市立玉野中学校養護教諭）　No.29、55、67
松本美智子　（山形県鶴岡市立朝暘第一小学校教諭）　No.38
三浦　亜紀　（青森県立八戸盲学校教諭）　No.12、13、56
三浦　光哉　（前掲）　No.1、2、3、4、5、6、7、8、9、15、18、24、25、26、30、31、35、36、37、39、40、44、46、50、51、52、53、59、62、64、65、66、68、70、75、76、77、78、79、80、81、82、83、84、85、86、87、88、89、90、91、92、93、94、95、96、97、98、99、100
村山美沙姫　（山形県寒河江市立南部小学校教諭）　No.1、5、22
山口　純枝　（名古屋市教育委員会指導室主幹）　No.10、11、47、54、60、69、71、73、74

(2019年7月現在)

＊姉妹本のご案内＊

特別支援学級担任のための 学級経営サポート Q&A
―特別支援学級の達人になろう！―

三浦 光哉（山形大学教職大学院教授）編著

- B5判／210頁
- 定価　本体2,000円＋税
- ISBN978-4-86371-484-7

フローチャートや図表を多用していてわかりやすい！

　特別支援学級の学級経営について、知っておきたい基本的な事柄がこれ一冊で分かるパーフェクトガイド！

　知的障害、肢体不自由、病弱・身体虚弱、弱視、難聴、言語障害、自閉症・情緒障害の7障害種へのアプローチを、77項目264のＱ＆Ａでやさしく解説します。特別支援学級を初めて担任する先生から、ベテランの先生、さらに、特別支援学校の先生まで幅広く活用していただけます。新学習指導要領にも対応しています。

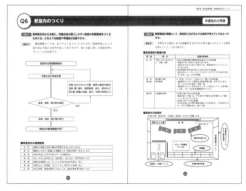

▲Q＆Aの一例

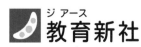

〒101-0054 東京都千代田区神田錦町1-23 宗保第2ビル
ＴＥＬ 03-5282-7183／FAX 03-5282-7892
E-mail info@kyoikushinsha.co.jp　URL http://www.kyoikushinsha.co.jp/

特別支援教育の
ステップアップ指導方法100
子供の自己理解・保護者の理解を促すためのアプローチ

2019年7月28日　初版第1刷発行
2020年8月7日　初版第2刷発行
2023年2月19日　初版第3刷発行

- ■編　著　　三浦 光哉
- ■発行人　　加藤 勝博
- ■発行所　　株式会社 ジアース教育新社
　　　　　　〒101-0054　東京都千代田区神田錦町1-23　宗保第2ビル
　　　　　　TEL：03-5282-7183　FAX：03-5282-7892
　　　　　　E-mail：info@kyoikushinsha.co.jp
　　　　　　URL：https://www.kyoikushinsha.co.jp/

- ■表紙デザイン・DTP　　土屋図形 株式会社
- ■印刷・製本　　三美印刷 株式会社

Printed in Japan
ISBN978-4-86371-507-3
定価はカバー表示してあります。
乱丁・落丁はお取り替えいたします。（禁無断転載）